아이들은 숲에서 무엇을 배우는가?

숲 교육 질적 연구

아이들은 숲에서 무엇을 배우는가?

숲 교육 질적 연구

조규성 지음

이담
Books

머리말

교육은 교육과정과 교수와 학습의 관계에 따라 서로 다른 양상으로 실현된다. 여기에 더해 교육환경이 영향을 끼친다. 특별히 교육과정을 연구하는 학자들은 이 교육환경에 관심을 가진다. 교육과정은 "무엇을 가르치고 배울 것인가?"에 대한 질문에 대답하고자 하는 실천적 학문이며, 교육과정 학자들은 이 질문에 답하고자 학습자·교수자·사회 등의 현실과 요구에 민감하게 반응해야 하기 때문이다.

나는 아이들의 이야기를 통해 숲이라는 장소가 갖는 교육적 의미를 밝히고자 하였다. 연구 참가자로 서울에 위치한 공립초등학교 5학년 아이들을 선정하였으며, 내러티브 탐구 방법을 참고하여 이야기를 수집하였다. 수집된 데이터는 귀납적 방법과 해석적 방법을 사용하여 분석하였다.

연구과정에서 확인한 결과를 토대로 '숲을 통한 교육'을 위한 시사점을 제안하였다. 첫째, 배움의 장소로서 숲의 역할에 주목할 필요가 있다. 교실 문을 열고 숲으로 나왔을 때, 아이들 앞에는 또 다른 배움의 장이 펼쳐진다. 따라서 아이들이 숲을 가까이 할 수 있는 환경을 조성해 주는 것이 필요하며, 특히 부모의 역할이 중요하다.

둘째, 아이들은 그들만의 방식으로 숲을 경험한다. 특히 어린 시절 숲에서 경험을 통해 만들어진 '시간의 지점들(spots of time)'은 아이들의 삶에서 오랫동안 잊혀지지 않고 영향을 미친다. 다시는 오지 않을 그 소중한 순간을 놓치지 않도록 아주 어렸을 적부터 아이들이 숲을 만날 기회를 만들어 주어야 한다.

셋째, 아이들이 숲에서 놀라워하고, 불쌍해하고, 무서워하고, 고마워하고, 신기해하는 등의 감정들은 숲에서의 경험을 빛나고 특별하게 하였고, 결국 이 감정들은 아이들을 변화시키는 '배움의 토양'이 되었다. 따라서 아이들에게 숲을 충분히 느낄 수 있는 환경을 조성해 줄 필요가 있다.

넷째, 아이들은 이야기를 통해 숲의 기억들을 되살리고 숲이 가르쳐 준 지혜들을 그들의 삶에 적용한다. 따라서 아이들에게 숲에 대해 이야기할 수 있는 기회를 더 많이 만들어 주어야 한다.

연구 과정 내내 나는 '아이들은 숲에서 무엇을 배우는가?'라는 질문에 대한 대답을 얻고자 하였다. 아이들의 이야기는 '생명의 소중함', '배려', '책임감', '공존', '관계', '겸손', '자신감', '우정' 등의 교육적 주제들과 연결되어 있었다. 이 주제들을 대표하는 한 개의 단어는 '사랑'이다. 우리의 아이들이 자기 자신을 사랑할 줄 아는 사람, 다른 사람을 사랑할 줄 아는 사람, 생명을 사랑할 줄 아는 사람이 되도록 하는 것은 이 시대의 교육이 담당해야 할 몫이다. 숲에서 우리의 학생들, 우리의 자녀들이 사랑을 지닌 어른으로 성장하도록 하는 데 이 연구가 기여할 수 있게 되기를 바란다.

개인적으로 이 지면을 통해 감사의 마음을 전하고 싶다. 가장 먼저 창조주 하나님께 감사드린다. 사랑으로 나를 낳으시고 키워주신 아버지, 어머니께 감사드린다. 부족한 제자를 끝까지 지도해 주시고 격려해 주신 진영은 교수님과 전영우 교수님께 머리 숙여 감사드린다. 숲에 대한 경험 이야기를 들려준 36명의 아이들에게도 감사한다. 아내의 내조가 없었다면 이 논문도 없었을 것이다. 사랑하는 아내 최현주와 아들 조재현에게 고마움의 마음을 전한다.

홍릉숲에서

조규성 씀

목 차

제1장

기 억

1. 프롤로그 - 멈춤의 지점에서

> 보도블록 틈에 핀 씀바귀 꽃 한 포기가 나를 멈추게 한다
> 어쩌다 서울 하늘을 선회하는 제비 한두 마리가 나를 멈추게 한다
> 육교 아래 봄볕에 탄 까만 얼굴로 도라지를 다듬는 할머니의 옆모
> 습이 나를 멈추게 한다
> 굽은 허리로 실업자 아들을 배웅하다 돌아서는 어머니의 뒷모습은
> 나를 멈추게 한다
> 나는 언제나 나를 멈추게 한 힘으로 다시 걷는다
> 　　　　　　　　　　　　　-반칠환, '나를 멈추게 하는 것들' 전문

나는 숲으로 걸어 들어갔다. 그 어떤 힘이 나를 숲으로 이끌었다. 숲은 도시에서 길을 헤매던 나를 잠시 멈추게 했고, 길을 보여 주었다. 봄 숲의 나무 사이로 난 길을 풀꽃들과 함께 걸으며 나는 가끔씩 숲에서 멈춰 선다. 이 '멈춤'의 힘이야말로 숲이 가진 매력이다. 이 '멈춤'의 지점에서 '변화'의 씨앗이 움튼다. 나의 어린 시절 숲에 대한 세 가지 기억도 이 '멈춤'의 지점에서 되살아났다.

첫 번째 기억 - 내가 어린 시절 살던 동네는 서울의 변두리였다. 300미터 정도 높이의 산자락 밑이었는데 그 산은 '역청사업소'라는 곳에서 돌을 채취하느라 매일 다이너마이트를 터뜨려 중간부분이 허옇게 드러나 있었다. 학교에서 수업을 하고 있으면 주기적으로 쾅 하

는 소리와 함께 창문이 흔들리곤 했다. 가끔씩 그 돌산에 올라가 친구들과 함께 바위 위에서 사마귀를 잡아 싸움을 시키고 개미 똥구멍을 핥기도 했던 것 같다. 동이 채 트기도 전에 약수를 뜨러 가시는 아버지의 꽁무니를 눈을 비비며 따라가던 곳도 그 산이었다. 모교 교가 가사 첫 소절에 등장하는 그 돌산은 나의 어린 시절 추억의 사진첩 배경과도 같은 곳이다.

두 번째 기억─어린 시절 나는 유달리 동물들을 좋아했다. 부모님을 졸라 현관 앞에 새집을 걸어 놓고 작은 새들과 다람쥐를 키웠는데, 다람쥐는 보기와는 달리 사나웠다. 철창 사이로 물이나 먹이를 줄 때 방심하면 손을 물리기 일쑤였다. 그 앞니에 물리면 정말 손가락이 잘려 나가는 것처럼 아팠다. 그래도 식구들 중에서 그 동물들에게 제일 관심을 가졌던 건 나였던 것 같다. 동물들은 어린 시절 내성적이었던 나와 마음을 나눈 친구 같은 존재였다.

세 번째 기억─집 마당에는 작은 화단이 있었다. 어느 날 아버지는 그 화단에 달리아 뿌리를 세 개 심어 놓으시고 우리 삼 형제에게 잘 키우라며 하나씩 배당을 해 주셨다. 하지만 그 이후 누구의 뿌리에서 어떤 꽃을 피웠는지 혹은 피우지 않았는지는 사실 잘 기억이 나지 않는다. 그래도 아버지가 알려 주신 그 알뿌리의 이름이 '달리아'라는 것과 그 꽃은 꽃씨가 아니라 알뿌리를 심어야 한다는 것이 아직까지도 기억에 생생한 것을 보면 나에게는 꽤 인상 깊은 경험 중의 하나였던 것 같다. 그런데 그 알뿌리에서 어떤 꽃이 피는지 몇 달 전에야 비로소 알게 되었다. 아버지께서 요양차 강원도 홍천 산골짜기에 잠시 가 계셨는데 아내와 아들과 함께 그곳을 방문했을 때였다. 그곳 입구 옆 작은 둔덕에 꽃송이가 예사롭지 않게 큰 붉은 꽃이 한 소큼

자리를 차지하고 피어올라 있었다. 아버지는 네 살짜리 손자를 가슴에 안고 꽃의 이름을 알려 주시는데 '달리아'라는 것이다. '아, 그 달리아!' 그 달리아를 아버지께서 그날 어린 내 아들에게 알려 주고 계셨다. 아마도 나는 앞으로 달리아 꽃을 보면 아버지를 생각하게 될 것 같다.[1]

2. 왜 이 연구를 하는가?

우리나라 국토는 65%가 산림으로 구성되어 있다. 그리고 지난 50여 년간 국토 전역에 나무를 심는 국가적인 노력을 기울인 결과 세계에서도 유례를 찾기 어려울 정도의 성공적인 녹화를 이루었다. 또한 학교와 공원 등을 숲으로 가꾸려는 의미 있는 시도들도 늘어나고 있어서 이제 산뿐만 아니라 도심에서도 조금만 신경 써서 찾아보기만 하면 평소 눈에 들어오지 않던 주변의 숲을 찾을 수 있다. 그리고 조금만 더 관심을 가지고 발품을 팔 마음만 있다면 그리 멀지 않은 곳에서 꽤 잘 조성된 숲을 만날 수도 있게 되었다. 그러고 보면 나무나 숲과의 실제적인 거리보다 오히려 기술문명에 익숙해진 우리 마음속에서의 숲과의 거리가 더 먼 것이 아닐까?

> "높고 웅장한 산이나 깊고 어두운 숲 앞에 섰을 때 우리 가슴속에서는 뭔가 특별한 일이 벌어지곤 한다. 새벽에 일어나 집 가까운 약수터를 찾아갈 때, 오랜만에 큰맘을 먹고 국립공원을 찾았을 때, 우리는 저기에서 어렴풋이 커다란 숲이 다가오는 것을 보면서 야릇한 설렘과 두려움을 느끼게 된다. 이 설렘과 두려움의 정체는 무

---

[1] 내가 기억하는 아련한 숲에 대한 이 세 가지 기억들에는 공교롭게도 모두 아버지가 등장한다. 또 모두 집 안, 마당, 뒷산 등 집 가까운 곳에서 있었던 이야기들이다.

엇인가. 우리에게, 그리고 나에게 숲은 무엇인가. 먼저 정태춘의 노래 가사의 일부를 인용해 본다. '후미진 아파트 하수구에서 왕모기나 잡으며 / 하루 종일을 보내는 애들 / 서울 변두리 학교 앞에서 앳된 병아리를 팔고 / 비닐봉지에 사 담아 집으로 돌아가는 애들 / 자연이란 이들에게 무슨 의미가 있을까 / 거친 들판과 깊은 산과 긴 강물이란.' 자연은 우리에게 어떤 의미가 있는가. 산과 숲은 우리에게 어떤 의미가 있는가."(생명의 숲 숲해설, 교재편찬팀, 2005: 12)

오늘날 숲은 우리에게 어떤 곳인가? 특히 자라나는 우리의 아이들은 숲을 어떻게 느끼고 체험하고 있는가? 이러한 질문과 관련하여 학문적 탐구를 시도해 보고자 하는 나에게, "자연을 탐험하는 것은 단지 어린 시절의 황금기를 보내기 위한 좋은 방법에 불과한 것인가? 나는 거기에 훨씬 더 깊고 영구적이고 소중한 의미가 있음을 확신한다"(Carson, 1956: 100)는 레이첼 카슨(Rachel Carson)의 신념에 찬 고백은 연구 과정 내내 든든한 후원자가 되어 주었다.

"아이들[2]을 자연으로 내보내라. 언덕 위와 들에서 아이들을 가르쳐라. 그곳에서 아이들은 더욱 좋은 소리를 들을 것이고, 그때 가진 자유의 느낌은 아이들에게 어려움을 극복할 수 있는 힘을 줄 것이다. (중략) 아이들로 하여금 자연이 바로 진정한 교사라는 것과 당신은 그저 자연을 조용히 산보하는 사람에 지나지 않음을 완전히 깨닫게 하라. 아이들이 걸음을 멈추면 바로 그때 새의 지저귐이나 나뭇잎 위의 곤충의 노래를 듣게 될 것이다. 나무와 새와 곤충이 아이들을 가르치게 될 때 당신은 조용히 있도록 하라."(Pestalozzi/ 산림청, 2006: 49에서 재인용)

나는 '자연이 바로 진정한 교사'라는 페스탈로치(Pestalozzi)의 목소

---

2) 캘럿(Kellert, 2002)은 아이들의 정서적, 인지적, 판단적 발달과 자연체험과 접촉의 역할에 대한 이론적 설명인 그의 글에서 아이들(children)의 범위를 '주로 학령기와 사춘기 청소년(primarily middle children and early adolescence)'으로 잡고서 논의를 전개하였다. 나는 이 연구에서 캘럿의 연구를 이론적으로 참고한 바, '아이들'의 범위는 캘럿이 설정한 범위를 따랐다. 연구의 참가자로 이 범위에 있는 초등학교 5학년을 선정하였다.

리에 귀를 기울인다. 페스탈로치의 말대로 자연이 가장 정보가 풍부한 학습 환경이자 '진정한 교사'로서 아이들을 가르치는 존재라면, '나무와 새와 곤충이 아이들을 가르치게 될' 때, 아이들은 그 자연에서 무엇을 배울까? 자연에서 우리의 아이들은 어떤 교육적 경험[3]을 할까? 이 연구는 이러한 질문에 대한 답을 찾고 이해하는 것이 학문적으로 의미 있는 작업이 될 것이라는 신념에 기반을 두고 있다.

한편 아이들의 이야기를 수집하고 분석하는 데 연구의 중점을 두었다. 보린(Borin)은 아이들의 자연에 대한 경험 이야기를 통해 아이들이 자연과 시간을 보낼 때의 느낌을 증명할 수 있고, 그들이 자연으로부터 배우는 교훈을 확인할 수 있다고 주장하였다. 그에 따르면 아이들의 이야기는 그들의 느낌을 확인하고, 통찰력을 증진시키고, 희망을 키우는 수단을 제공하며, 아이들이 자연에 대한 경험을 이야기할 때 그들은 자신을 반성하고 더 나아가 스스로를 정의한다(Borin, 2005). 이러한 과정은 이 연구가 교육적으로 주목받을 만한 작업으로서 가치를 부여해 줄 또 다른 장치가 될 것이다. 나는 연구 시간의 대부분을 아이들의 이야기를 이끌어 내고, 아이들의 이야기를 귀 기울여 듣고, 아이들의 이야기를 분석하고 이해하는 데 사용하였다.

나는 아이들의 이야기를 수집하고 분석함으로써 아이들과 숲의 관계를 연구하는 것의 교육적 필요성을 다섯 가지로 정리하였다. 첫째, 아이들의 이야기를 통해 아이들과 숲과의 관계를 연구하는 것이 중요한 이유는 이러한 연구를 통해 아이들이 숲을 어떻게 만나고 숲과

---

3) 경험(Erfahrung, life experience)은 '체험보다 일반적이고 포괄적인 용어'로서, '체험 및 체험에 관한 우리의 이해와 의식의 축적이다.' 이에 비해 체험(Erlebnis, lived experience)은 '경험의 특수한 유형으로서 우리가 겪고 인식하는 대로의 경험을 가리킨다.'(Mannen, 1990)

의 교류가 아이들의 삶에 얼마나 영향을 주는지 확인하고 이해할 수 있기 때문이다. 캘럿(Kellert, 1993)은 자연 자체가 빠르게 사라지고 있기 때문에 우리와 자연의 관계를 이해하는 것이 시급하다고 주장한다. 멸종 위기의 생물들은 하루가 다르게 지구상에서 모습을 감추고 있고[4] 생물의 종 다양성이 계속 감소되고 있다는 것은 아이들과 자연의 관계를 연구할 기회가 매 순간 사라지고 있음을 의미한다. 한편 아이들이 날마다 성장하고 있다는 점 또한 자연에서의 경험에 대한 아이들의 이야기를 수집하고 연구해야 하는 이유이다(Borin, 2005).

숲과 아이들의 관계를 연구하는 두 번째 이유는 숲에서의 경험을 통해 아이들이 어떻게 의미를 만드는지 이해하고 확인할 수 있기 때문이다. 숲은 우리에게 희망, 회복, 변화, 치료 등의 메타포를 제공하므로(Borin, 2005) 아이들이 이러한 메타포를 제공하는 숲을 경험하는 것과 아이들이 그들의 삶에서 이 메타포들을 어떻게 받아들이는지 확인하는 것은 중요하다. 밤과 낮, 봄과 여름과 가을과 겨울을 따라 변하는 숲의 모습, 밀물과 썰물의 지속적인 변화 등을 보며 아이들은 자신의 삶에서 변화와 회복의 계기를 만들어 간다. 숲은 변화가 가능하다고 증언해 줌으로써 아이들에게 희망을 준다. 숲은 아이들에게 그들 속에 가지고 있는 느낌에 대한 이미지와 은유를 제공하며, 우리는 아이들의 이야기를 통해 그들이 주위의 자연 세계와 그 자연이 전해 주는 성장의 메타포들을 어떻게 연결시키는지 확인할 수 있다. 이

---

4) 전 세계 생물의 3분의 1 이상이 멸종 위기에 처해 있다고 세계자연보전연맹(IUCN)이 경고했다. 최근 세계 자연보존연맹(IUCN)은 3일 2009년 연례보고서를 통해 IUCN이 조사한 생물종 47,677종 가운데 17,291종 이 멸종 위기에 처해 있다고 발표했다. 적색리스트를 보면 해마다 멸종위기에 처해 리스트에 오르고 있는 생물종 수가 빠르게 추가되고 있다. 멸종 위기 생물종에 대한 조사결과를 보면 지금까지 알려진 포유동물 가운데 21%, 양서류 30%, 조류 12%, 파충류 28%, 민물어종 37%, 식물 70%, 무척추 동물 35%가 멸종 위기에 처해 있는 것으로 나타났다(「뉴스한국」 2009년 11월 4일자 기사).

연구에서는 숲에서의 경험에 대한 이야기를 통해 아이들이 그때 느낀 감정에 주목하였으며, 그 감정은 아이들에게 '배움의 씨앗을 키우는 터전'을 제공하였고, 이야기를 통해 그 '배움의 씨앗'이 되살아남을 확인하고 이해할 수 있었다.

세 번째 이유는 아이들의 이야기를 통해 숲이 아이들을 어떻게 가르치고 회복시키는지 이해하게 됨으로써 아이들의 숲에 대한 경험을 격려하고 지지하게 되는 것이 중요하기 때문이다. 예를 들면, 애완동물이 죽었을 때 아이들은 이러한 죽음을 겪은 다른 사람들에게 큰 동정심을 가지게 되고, 생명의 소중함에 대해 더 깊게 이해하게 되며, 아이들의 자연에 대한 경험 이야기를 들으면서 살아 있는 것들에 대한 그들의 동정심과 삶 자체에 대해서 갖는 아이들만의 생각을 이해하게 된다(Borin, 2005). 또한 아이들이 자연과 그들의 관계를 지지받을 때, 그들은 살아 있는 것들에 대한 책임감을 갖게 된다. 파일(Pyle, 2002)에 의하면, 아이들은 그들을 둘러싼 땅이 자신들이 받은 유산이라는 것과 그들이 오늘과 내일, 이 땅의 수호자라는 것을 이해하기 시작하며, 특히 자연에 대한 아이들의 이야기는 그들의 자연과의 교류가 지지받고 있다는 사실과 함께, 모든 살아 있는 것들을 보호해야 한다는 책임감을 더욱 상기시킨다(Borin, 2005). 그러나 아이들이 숲에서 시간을 보내지 않게 될 때, 그들의 경험이 확인되지 않을 때, 아이들은 지구의 수호자로서 자신들이 물려받은 유산을 알 수 없게 된다. 다시 말해 숲에서의 경험과 그 경험에 대한 이야기 기회를 더 많이 제공받고 격려받을수록 아이들은 자신들이 물려받은 지구와 숲이 자신들에게 매우 소중한 가치들을 제공한다는 것을 더 충분히 알게 되며, 그 결과 이 땅에서 더 오랫동안 계속해서 삶을 살아가야 할 아이들은 지구와 숲, 생명에 대해 더욱 책임감을 갖게 된다는 것이다.

네 번째 이유는 숲과 함께한 이야기를 통해 아이들은 자신들이 거대한 자연의 한 부분이라는 사실을 깨닫기 때문이다. 올리버(Oliver)와 크라펠(Krafel)은 "아이들이 그들의 이야기를 말하는 것은 아이들이 그들 주위의 거대한 우주에서 자신들의 개인적인 경험과 교류하는 것을 돕고, 그들이 살고 있는 곳에서 그들이 얼마나 살아 있는 모든 것들과 연결되어 있는지를 알게 한다"고 하였다(Borin, 2005에서 재인용). 우리를 둘러싸고 있는 나무와 새들 사이에서 우리의 위치를 이해하는 것은 우리에게 세계 전체에 대한 맥락을 이해하게 하고, 모든 살아 있는 것들과 우리를 연결시킨다.

다섯 번째 이유는 아이들의 이야기를 모아 함께 공유하며 기뻐할 수 있기 때문이다. 아이들의 이야기는 아이들이 숲에서 한 독특한 경험을 감상하고 확인할 수 있게 한다. 아이들에게 그들의 경험을 이야기하게 함으로써 아이들의 숲에 대한 경험의 가치뿐만 아니라 경험을 이야기하는 것의 가치도 확인할 수 있다. 연구를 통해 아이들은 숲과 그들의 교류가 중요하며, 이야기를 통해 배운 것을 다른 사람들과 공유할 가치가 있다는 것을 깨닫게 된다.

한편, 숲 교육과 관련된 기존 연구 검토 과정에서 질적 연구의 필요성을 확인하였다. 기존 연구 검토를 위해 '숲 교육', '숲 체험', '자연 체험' 등을 포함하는 키워드로 학술지 발표 논문 및 석·박사 학위 논문들을 검색하였으며, 이 논문들을 연구방법을 중심으로 문헌 연구, 실증적 연구, 질적 연구 등으로 구분하였다.

문헌 연구는 주로 외국의 사례나 연구결과들을 소개하거나(김복영, 1999; 이명환, 2004) 자료 또는 선행연구 분석을 통한 프로그램 개발과 관련된 것(김희세, 2002; 박미정, 2004)들이다. 김복영(1999)은 사회과 교재로서의 숲의 생태 교육적 활용에 대한 연구를 통해 학교 교육에서 균형, 포괄, 연계를 강조하는 홀리스틱 교육의 접근법을 환경교육 혹은 생태교육에 적용해야 함을 강조했다. 아울러 숲은 하나의 작은 생태계라고 할 만큼 우리에게 훌륭한 교재로서의 역할을 할 수 있으며 학교 숲 조성 운동은 이러한 점에서 주목해야 한다고 주장했다. 이명환(2003)의 연구는 독일의 자연 친화적인 숲유치원에 관한 기초 연구이다. 숲 유치원은 인간과 자연과의 조화스런 관계를 유아 시기부터 자연스럽게 알게 하며, 유아의 신체와 정신을 전인적으로 성장 발달시키고, 유아의 개성적인 발달을 돕는 데 그 목적이 있다는 점, 유아기에 형성된 자연관은 유아가 성인이 되었을 때 자연을 보존하려는 마음을 적극적으로 갖게 하고, 자연 친화적인 삶으로 인도해 준다는 점 등을 밝혔다. 김희세(2002)는 제 7차 초등학교 교과용 도서에 산림 환경 관련 내용이 얼마나, 어떻게 반영되어 있는지 분석하였다. 박미정(2004)은 초등학교 환경교육의 실태와 문제점에 관한 선행연구들을 분석한 결과를 바탕으로 환경가치교육을 위한 모듈식 프로그램을 개발하였다.

실증적 연구는 주로 숲 체험 프로그램을 실행하고 결과를 측정하여 숲 체험의 효과를 밝히고자 하는 것(김순희, 2002; 박경희, 2005; 배영미, 2006; 우석규, 2007)들이었다. 김순희(2002)는 학교 숲 가꾸기가 학습원의 교육적 활용에 미치는 효과를 조사하였다. 박경희(2005)는 숲 속에서의 자연스러운 놀이 활동과 그것과 연계된 교실에서의 통합적인 교육활동이 유아의 자아개념을 발달시키는 데 어떠한 영향을 미치는지 조사한 결과, 초기 자연환경에 대한 유아들의 단순한 호기심이 숲의 보존의식으로까지 변화·발전되었으며, 유아들의 상상력, 창의력, 사고력이 증진되었고, 원만한 또래관계가 형성되었으며, 유아들의 신체근육이 단련되고, 주의력과 집중력, 발표력이 향상되었다고 보고했다. 배영미(2006)는 학교숲을 활용한 환경체험학습과 교실에서 이루어지는 일반수업 중 어느 것이 친환경 태도 및 행동변화에 더 효과적인지 비교 연구를 통해 학교숲을 활용한 환경체험학습을 적용한 수업이 일반적인 수업보다 친환경 태도 및 행동 형성에 긍정적인 변화를 보였다고 보고하였다. 우석규(2007)는 환경감수성을 함양하기 위한 프로그램을 개발하고 적용했다. 이 연구에서 기존의 많은 연구들이 환경에 대한 지식을 많이 알게 함으로써 환경행동으로 나아가도록 하였는데, 그러한 의도와는 대조적으로 감수성을 함양하는 활동들이 환경행동을 하는 데 좋은 영향을 끼치는 것으로 드러났다.

외국의 연구 현황도 실증적 연구가 대부분이었다.[5] 1980년대에 이르러 구미, 특히 미국에서 많은 학자들이 숲의 정신적 또는 심리적 가치를 증명할 수 있는 실증적 연구를 시작하였으며, 대부분의 연구들은 숲 이용객에 대하여 설문 또는 심리검사를 통하여 어떤 종류의 심리적 이익을 얻었는가, 숲의 이용으로 말미암아 자아의식·자아실현·지도력·자신감·협동심·타인에 대한 신뢰감 등의 심리적 특성 등이 증가되었는가, 개인적인 특성들은 이러한 변화에 어떤 영향

---

5) 신원섭(2003)은 '왜 인간은 자연이 필요한가?'(Kaplan, 1977; Wilson, 1984), '교화수단, 숲'(Kelly, 1969), '숲이 주는 몰입의 즐거움'(Allen, 1980; Mannel & Larson, 1988, Scott, 1974), '숲, 긍정적 무드의 공장'(Altman, 1975; Izard, 1971; Kaplan, 1984; More, 1978; Westin, 1967), '숲은 모든 스트레스를 받아준다'(Benstein, 1972; Driver, 1972; Stankey, 1973), '숲의 심미적 가치'(Heytze, 1990; Keppler, 1986), '숲은 우울증을 낫게 한다'(Hendee & Brown, 1988), '숲과 자아실현'(Kagan & Havemann, 1980; Young & Crandall, 1984) 등의 주제를 포함하는, 숲이 인간에게 주는 정신적, 심리적, 사회적 영향과 감응에 대한 외국의 여러 연구 사례를 분석하여 국내에 소개하고 있다.

을 미치는가, 또 숲의 환경상태 등은 이러한 변화에 어떻게 영향을 끼쳤는가 하는 의문점을 해결하는 데 주력해 왔다(신원섭, 1997).

질적 연구들은 주로 면담과 참여관찰을 통해 숲체험의 교육적 의미를 탐색하였다(황세영, 2003; 김세진, 2005; 김선아, 2007). 황세영 (2003)은 한국어린이식물연구회의 들공부 프로그램을 사례로 참여관찰을 통해 자연체험활동의 교육적 의미를 탐구했다. 김세진(2005)은 '흙'과 '하늘'을 주제로 한 자연체험 활동에서 자연이 유아들에게 어떻게 느껴지고, 어떻게 표현되며, 어떠한 태도를 유발하는가 등에 초점을 맞추어 자연체험적인 활동의 교육적 의미를 탐색하였다. 김선아 (2007)는 유치원에서 참여관찰을 통해 자연체험활동에 도입된 자연물을 소재로 한 주제탐구·표현학습의 과정에서 변화되어가는 유아들의 경험세계를 탐색함으로써 자연체험을 통한 주제탐구·표현학습의 의미를 밝혔다.

특히 숲 교육 관련 연구 동향에 관한 논문(고운미·김대희, 2001; 김진희, 2006; 이건남, 2009)들은 실증적 연구의 한계를 지적하고 질적 연구를 도입할 필요성을 제기하고 있다. 고운미·김대희(2001)는 국내 연구 동향을 파악하고자 학술지 『환경교육』에 게재된 239편의 논문을 분석하였고, 외국 연구 동향 파악을 위해서 『The Journal of Environmental Education』에 수록된 논문 134편을 대상으로 분석하였다. 분석 결과, 연구 방법 면에서 국내외를 막론하고 분석대상 논문들은 대부분의 연구가 양적 연구방법인 경험과학적인 연구방법 일변도이며 해석학적 연구방법이나 비판적 연구방법 등 질적 연구 방법의 적용은 미진하였음을 밝혔다. 또한 이러한 결과는 방법론적인 측면에서 교육을 깊이 있게 이해하는 노력이 부족함을 드러내는 것이라고 지적하고, 따라서 향후 연구에서는 질적 연구방법의 적극적인 도입이 필요하다고 제안하였다. 김진희(2006)는 1970년대부터 2004년까지의 환경교육과 관련된 국내 석·박사 학위논문 261편과 학술지에 수록된 논문 280편을 분석하였는데, 연구방법과 관련하여 조사연구, 문헌연구, 내용분석 연구 등이 절반 이상의 비율을 차지하고 있어서 다양한 연구방법이 시도되어야 할 것이며, 특히 질적 연구 방법이 많이 이루어져야 할 것이라고 지적했다. 이건남(2009)도 국내에서 발간된 초등학생 대상의 체험학습 관련 석·박사 학위논문과 학회지에 게재된 논문 124편을 분석하였다. 이 분야의 논문은 다양한 사람들에 대한 관심과 이해를 높이는 인성교육의 계기를 마련할 수 있는 필요성이 대두됨에 따라 꾸준히 발표되고 있으나, 연구방법 면에서 조사연구와 실험연구가 주로 사용되어 사례연구, 개발연구, 질적 연구방법을 활용한 연구가 활발히 이루어져야 한다는 점을 지적하였다.

최돈형(2007)은 환경교육 및 연구가 실증주의에서 벗어나 해석주의나 비판주의와 같은 새로운 교육 패러다임으로 전환되어야 할 시점이라고 제안하였다. 1980년대까지만 해도 현장에서 실시된 환경교육이나 연구자들에 의한 환경교육 연구는 실증주의적인 것들이 대부분이었음을 지적하면서, 이러한 환경교육의 실증주의적인 연구와 교육을 마신카우스키(Marcinkowski)는 환경교육 연구에서 '양적인 패러다임'이라고 규정하고 그 특징들을 비판적으로 연구한 바 있고, 우리나라에서도 황경미(2005)에 의해서 해석주의, 비판주의 교육 패러다임에 근거한 환경교육의 필요성이 제기된 바 있다고 소개하였다.

이상과 같이 기존 연구물들을 검토한 결과, 숲 교육과 관련된 연구들은 타 분야에 비해 양적으로 많지 않을 뿐만 아니라 연구방법 면에서도 다양한 시도가 요청되는 상황이었다. 이러한 연구 현황은 이 연구를 질적 연구 방법으로 수행하게 된 배경이 되었다. 특히 기존 연구의 대부분을 차지하는 실증적 연구들은 통제된 실험이나 표준화된 측정도구를 이용하여 연구자가 보고자 하는 특정 요소나 현상을 계량화하고 통계적으로 가설을 검증하고자 함으로써 미리 설계된 연구 체계에서 벗어나는 상황 등에 대한 정보는 제시하기 어려운 면이 있다. 예를 들어, 숲에서 아이들의 자아개념이 발달하였다는 객관적인 데이터를 가질 수는 있지만 이러한 수치가 나오게 된 맥락, 아이들의 상황 등을 이해하기는 어렵다. 따라서 이 연구에서는 아이들과 숲의 관계를 이해하기 위한 방법으로서 질적 연구를 선택했다. 질적 연구를 선택한다는 것은 연구자의 관점 중심에서 참가자의 관점 중심으로 연구의 관점을 옮긴다는 것을 의미한다. 기존의 실증적 연구들이 숲과 아이들의 관계를 연구자가 보고자 하는 것에 초점을 맞추어 고찰하였다면, 이 연구에서는 아이들의 관점에서 아이들이 숲을 어떻게 느끼고 경험하는지, 숲에서 경험을 어떤 의미로 받아들이고 기억하고 있는지에 초점을 두었다. 다시 말해 지금까지 실증적 연구들이 주로 연구자의 관점에서, 교사의 관점에서 또는 어른의 관점에서 아이들과 숲의 관계를 고찰한 것과는 달리, 여기서는 아이들의 눈으로 본 숲의 모습, 아이들의 귀에 들린 숲의 소리, 아이들의 몸으로 느낀 숲의 감각들의 의미를 아이들의 이야기를 통해 아이들의 관점에서 고찰하고자 했다는 것이다. 숲에서 경험한 인상 깊은 기억의 의미를 아이들의 관점에서 탐구함으로써 블랙박스 같았거나 흑백의 X-ray같이 단편적으로 들여다보던 숲과 아이들의 세계를 새롭게 조망해 보고자 하는 것이다.

이와 같은 문제의식을 가지고 이 연구에서 밝히고자 하는 구체적인 연구 문제는 다음과 같다.

첫째, 아이들은 숲[6]을 어떻게 경험하는가이다. 우리가 진정으로 아이들의 교육에 관심이 있다면 그들이 무엇을 경험하고 그들에게 무슨 일이 일어나고 있는지, 아이들이 겪은 경험이 그들에게 무엇을 의미하는지 알아봄으로써 아이들의 세계를 이해해야 한다(염지숙, 1999). 이 연구에서는 아이들의 이야기를 통해 아이들과 숲의 관계를 확인하고, 이러한 과정에서 발견된 경험의 의미를 이해하고자 한다. 이를 위해 아이들이 숲을 경험하게 되는 조건과 과정 등을 탐구할 것이다.

둘째, 아이들은 숲에서 무엇을 배우는가이다. 교육과정은 "무엇을 어떻게 가르치고 배울 것인가"에 대한 질문에 대답하고자 하는 실천적인 학문으로서, 교육환경에 특별한 관심을 가진다. 이 연구에서는 숲이라는 교육환경에 주목하여 아이들이 숲에서 경험한 인상 깊은 기억에 대한 이야기를 통해 아이들이 숲에서 무엇을 배우는지 확인하고 이해하고자 한다. 아이들의 인상 깊은 경험과 관련한 이야기에서 배움과 관련된 감정, 이미지, 메타포 등을 발견하고 이 요소들이 아이들의 변화에 어떻게 관여하는지를 탐구하고 이해하고자 한다.

이 연구가 교육과정에 주는 의미는 첫째, '교육환경으로서의 숲'에 주목했다는 점이다. 즉, 교육학에 기반을 두어 숲의 교육적 측면에 대해 연구함으로써 교육학과 산림학의 접목을 시도하였다. 둘째, '교육

---

6) 나는 자연 중에서도 특히 숲에 주목하였다. 그 이유는 첫째, 자연의 대표적인 환경이 숲이기 때문이다. 둘째, 아이들이 가장 자주, 쉽게 접할 수 있는 자연환경이 숲이기 때문이다. 셋째, 자연환경 중 연구자의 관심이 숲에 집중되어 있기 때문이다. 숲은 자연의 하위 요소이지만 자연에 대한 기존의 연구 결과 등을 적용하는 데 무리가 없는 경우 숲을 자연과 구분하지 않고 사용하였다.

방법(교육연구방법)으로서 이야기(내러티브)'에 주목했다는 점이다. 이 연구는 이야기를 통한 교육 프로그램 개발 등 산림교육방법 및 연구 분야에 시사점을 제공할 것이다.

3. 이야기하기, 다시 이야기하기

이 연구는 아이들이 숲에서 겪은 일 중 가장 인상 깊은 경험을 이야기하도록 하여 그 이야기를 수집하고 경험의 의미를 탐구하는 데 중점을 두었으며, 연구 절차는 크레스웰(Creswell, 2008)이 제시한 7단계[7]를 참고하여 진행하였다. 또한 질적 연구방법[8] 중에서 특히 인간

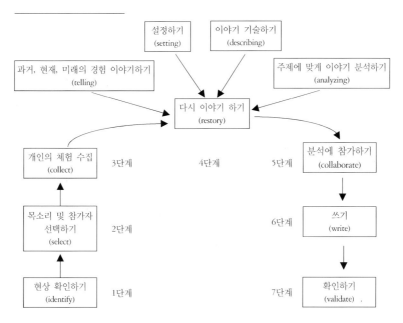

7) 내러티브 탐구의 절차(Creswell, 2008)

8) 질적 연구는 탐구하려는 세계 안에서 사는 사람들의 관점을 통해 그 세계를 이해하려고 한다. 에릭슨(Erickson)은 질적 연구자가 묻는 핵심적인 질문은 "보다 명확히 말하면, 여기서 무슨 일이 일어나고 있는

이 세상을 경험하는 방식에 주목하는 내러티브 탐구 방법에 근거하여 아이들의 이야기를 수집하였다.

나는 대학원에서 질적 연구에 대해 공부하던 2005년도부터 산림청과 함께 청소년들의 숲 체험 프로그램을 운영하는 단체에서 실무 책임자로 일하게 되었다. '이들은 왜 교실에서 나와 숲으로 왔을까?', '교사들은 숲에서 무엇을 가르치기를 원하는 걸까?', '과연 아이들은 숲에서 무엇을 배우는 걸까?' 교사들과 아이들이 학교 안 교실에서 바깥의 숲으로 나와 가르치고 배우는 모습을 교육학을 전공하는 대학원생의 입장에서 지켜보는 동안 나의 깊은 곳에서 끊임없이 울려 나오는 몇 가지 물음이 있었다. 결국 이 물음들 중 하나가 이 연구의 질문이 되었다. '숲에서 아이들은 무엇을 배우는가?'

2008년부터 이 질문에 대한 본격적인 연구에 착수했다. 체험 프로그램 참가자들을 대상으로 질문지를 통한 조사와 참여 관찰, 면담 등을 실시하였다. 특히 4월부터는 숲 해설가로 활동하고 있는 현직 교사 10여 명이 프로그램 기획자 및 강사로 참여하여, 한 달에 한 번씩 수목원과 휴양림 등에서 야생화, 곤충, 민물고기, 새, 숲의 생태 등을 주제로 운영하는 청소년 숲 체험 과정인 '어린이 숲 리더' 프로그램의 참가자들을 집중적으로 관찰하고 인터뷰하였다. 이러한 과정을 통해 이 연구의 문제에 대한 예비연구 성격의 작업이 수행되었으며, 연구 문제와 연구 방법에 대한 검토와 수정이 이루어졌다.

선행 문헌 연구를 통해 숲에서 경험에 대한 아이들의 이야기의 중요성을 미리 확인한[9] 나는 아이들의 이야기를 탐구하는 데에 초점을

가? 그러한 일들은 그것과 관련된 사람에게 무엇을 의미하는가?"라고 하였다(Hatch, 2002). 나는 과학적 연구 패러다임으로서 질적 연구가 추구하는 이러한 핵심적인 질문을 연구 과정 내내 스스로 묻고 확인하였다.

두었다. 연구를 수행해 나가는 데에는 네 명의 아이가 많은 도움을 주었다. 이 아이들이 실질적으로 다른 아이들의 인터뷰를 직접 진행했는데, 넷이서 역할을 바꾸어 가며 한 아이는 캠코더를 들고 한 아이는 내가 준비해 준 질문지를 미리 읽어본 후 직접 인터뷰를 진행해 나갔다. 나는 단지 인터뷰가 잘 진행될 수 있도록 지켜보고 도와주는 정도의 역할을 했다. 이것은 아이들이 숲에 대해 이야기할 수 있는 기회를 제공해 주어야 한다는 생각을 연구 과정에서 직접 실천한 결과이다. 우리의 프로그램은 주로 경기도 양평에서 진행되었는데, 목적지인 숲으로 갈 때와 출발지인 홍릉수목원으로 돌아올 때 버스 안에서 인터뷰를 하였다. 아이들은 아주 즐거워했다. 인터뷰를 진행한 네 명의 아이들은 그중에서도 가장 즐거워했다. 다음 달 프로그램 진행할 때 또 인터뷰를 할 수 있느냐고 나에게 물어볼 정도였다.

8개월에 걸친 프로그램 진행 기간 동안 수집한 인터뷰 촬영 녹화 파일과 참가자들이 작성한 질문지 더미들이 쌓여 올 즈음, 이 자료들이 충분히 준비되어 있지 못한 상태에서 시작되고 진행되어 온 것이 아닌가 하는 불안감이 엄습해 왔다. 아이들의 활동을 관찰하고 기록하고 분석하면서 질문들이 구체화되어 갈수록, 지나온 과정에서 미리 준비되고 수행되었어야 할 과업들이 누락되었음을 뒤늦게 깨닫게 되었다. 게다가 대부분의 연구 참가자들은 6학년이어서 다음 해에 중학교에 진학하면 뿔뿔이 흩어지게 되어 있었기 때문에 추가 자료를 수집하기도 어려운 상황이었다. 결국 1년간에 걸쳐 진행했던 참여관찰과 인터뷰 자료들을 컴퓨터에 저장해 둔 채 참가자 선정 단계부터 연

---

9) 숲 이야기 탐구를 주제로 한 보린(Borin, 2005)의 박사학위 논문은 이 연구의 방향을 잡는 데 크게 영향을 끼쳤다.

구를 다시 수행하기로 결심하였다. 그러나 이 과정은 나에게 질적 연구 수행에 있어서의 능력과 연구 도구의 실용성을 확인하기 위한 일종의 시험적 연구(pilot study)로서 본 연구 자료 수집 과정 이전에 좋은 자료를 제공해 주었다(Marshall & Rossman, 1999, 배진형, 2008에서 재인용). 이 과정에서 수집한 문헌 자료와 아이들 이야기 자료, 그리고 반성의 경험은 이 연구를 수행하는 데 큰 힘이 되었다.

이 연구는 아이들이 경험한 숲에서 가장 인상 깊은 기억 이야기를 통해 아이들이 숲에서 무엇을 어떻게 배우는지 확인하고 이해하는 데 목적이 있다. 따라서 연구 참가자로는 숲에서의 기억을 자신의 이야기로 진술하는 데 어려움이 없는 초등학교 5학년으로 정하였으며, 다양한 이야기를 수집하기 위해 한 학급 전원을 연구 참가자로 포함시켰다.[10)]

연구 참가자들이 소속된 공립 초등학교는 도봉산과 수락산이 멀지 않은 서울의 동북쪽에 자리하고 있다. 학교에서 바라보면 도봉산의 봉우리가 훤히 보여 학교 이름도 그 봉우리 이름에서 따왔다고 한다.[11)] 학교는 아파트 단지 내에 있다. 학교 운동장에 서서 사방을 보면 모두 아파트로 둘러싸여 있다.[12)] 이 학교는 올해 디지털교과서 연구학교로 지정되었다. 인터뷰 장소로 허락받은 도서관에서는 인터뷰

---

10) 이는 Goetz & Lecompte가 제안한 참가자 선택 전략 중 포괄적 선택 전략에 해당되며, 이 선택 전략은 광범위한 포함(적용) 범위에 의해 그 대표성이 보장되는 방법이다(김윤옥 외, 2001).

11) 수집한 이야기 중에 꿈속에서 도봉산에 갔다는 아이의 이야기가 있다. 그 아이는 꿈에서 본 산이 도봉산인 것을 어떻게 알았느냐는 질문에 꿈속의 산에서 이 봉우리를 보았기 때문이라고 했다.

12) 인터넷에서 이 학교를 검색하면 '우리 아파트 내 OO초등학교는 서울에서도 알아주는 우수학교입니다'라는 제목의 글이 바로 눈에 띈다. 댓글로 '다 아시겠지만 자녀 교육시키기에 OO아파트처럼 좋은 교육환경을 지닌 아파트는 서울에서 없다고 봅니다. 일단 위해환경이 발붙일 공간이 전혀 없습니다. 가장 중요한 학부모들의 교육열이 최고지요. 중랑천을 곁에 둔 친환경 산책코스는 동심을 가꾸어 주는 아름다운 공간이지요. 서울 교육청에서도 인정하는 명문 초등학교로 이름을 날리고 있습니다. 정말 뿌듯하기만 합니다.'라는 글이 올라 있다.

를 하는 동안에도 가끔씩 수업이 진행되었는데, 전자책을 볼 수 있는 노트북이 개인별로 배당되는 등 디지털 교육환경이 잘 조성되어 있었다. 학생들이 주로 등·하교 시 이용하는 정문은 학교 건물 뒤쪽에 있고, 정문에 들어서면 그 안쪽으로 아담한 정원이 조성되어 있다. 학교 건물 반대편은 운동장이다. 창가를 따라 화단이 조성되어 있고 운동장을 빙 둘러서 띄엄띄엄 나무들이 심겨 있다. 서울 대부분의 학교에서 볼 수 있는 평범한 교정 풍경이다.[13)]

교무실은 1층에 있는데 복도에는 야생화 사진이 크게 프린트되어 붙어 있다. 이 학교 교감 선생님이 찍은 사진이다. 이 학교에서 연구를 진행할 수 있게 된 것도 내가 일하는 숲 교육 청소년 단체에서 교사들의 리더 역할을 하고 있는 이 교감 선생님의 도움을 얻었기 때문이다. 참가 허락을 받은 학급은 5학년 튼튼반이다. 담임교사는 연구에 적극 협조해 주었다. 수업 시작 전에 아이들이 연구에 잘 참여할 수 있도록 분위기를 조성해 주었고, 처음에 약속했던 것보다 시간이 더 필요할 때마다 수업시간을 할애해 주었다. 또 아이들이 발표에 적극적으로 참여하도록 도움을 주기도 했다.

본 연구의 자료 수집은 내러티브 탐구 방법을 중심으로 이루어졌다. 내러티브(narrative)의 기본적인 의미는 이야기 혹은 이야기를 만드는 것이다. 매우 기본적인 수준에서 보면 "이야기는 인과관계 및 의미를 나타내는 시간적 계열 속에 배열된 사건, 인물, 장면으로 이루어진다. 그래서 이야기는 사물이나 사태가 어떻게 작용하고 돌아가는지 그리고 사건이 어떤 의미를 지니고 있는지에 대한 정보를 전달한다."

---

13) 학교 교정을 둘러볼 때에는 확인하지 못했으나 나중에 교감 선생님의 말씀을 들어 보니 학교 건물에서 운동장 건너편으로 야생화 화단이 꽤 잘 조성되어 있다고 한다.

(강현석, 2007: 13)

　나는 아이들이 되살렸던 숲에 대한 인상적인 기억을 발표하기, 글로 쓰기, 질문지 작성하기, 요약해서 말하기, 인터뷰하기, 시나 소설로 표현하기 등으로 수차례 다시 이야기하도록 하였으며, 그 과정에서 매번 아이들의 이야기에서 떠오르는 인상을 메모하고 확인받는 과정을 거쳤다.

　3차례의 수업은 모두 교사의 양해를 얻어 1교시 국어 시간에 진행하였다.[14] 첫 번째 수업에서 나는 숲에 대한 아이들의 기억을 되살려내는 데 집중했다. 아이들이 생각하는 '숲'의 정의 등을 확인하고, 숲에 대한 자신들의 생각들을 함께 나누었고, 이후 각자의 경험을 글로 써 보는 시간으로 진행하였다.

　두 번째 수업시간에는 교실 앞으로 나와 숲에 대한 기억 중에서도 가장 중요한 순간을 중심으로 이야기하는 시간을 가졌고, 세 번째 수업시간에는 본 연구에 참여하면서 숲에 대한 기억을 이야기해 본 소감을 발표하도록 하는 등 아이들이 본 연구에 대해 어떻게 생각하는지를 발표하였다.[15]

　한편 아이들에게 자신의 경험을 글로 쓰도록 했다. 글을 쓰기 전에 다음의 세 가지 단서를 제시했다. 언제, 어디에서, 누구와 함께, 무엇을, 어떻게, 왜 등이 모두 포함되도록 써 달라는 것과 그 경험에 대한 아이들의 감정이나 느낌이 어떠한지 최대한 실감 나게 표현해 줄 것과 그 경험 때문에 생각이나 행동이 변한 것이 있으면 함께 적어 줄

---

14) 내가 국어 2급 정교사 자격증을 가지고 있다는 점 때문인지 국어 교과 시간을 활용하도록 허락받았다.
15) 앞에 나와 이야기하겠다는 아이들이 적어서 담임교사가 발표할 아이를 지목하기도 했다. 그러나 나와 일대일로 인터뷰를 할 때에는 대부분의 아이들이 적극적으로 자신의 경험을 이야기해 주었다.

것을 주문하였다. 아이들은 진지한 표정으로 자신들의 기억을 끄집어 내어 글로 표현해 나갔다. 종이 뒷면에 다람쥐가 도토리를 먹고 있는 모습 같은 그림을 그려 넣기도 했고 시를 써 주기도 했다.

수업 후에 아이들이 쓴 글을 워드프로세스 프로그램으로 다시 타이핑하면서 꼼꼼하게 읽어 나갔고, 중요하다고 여겨지는 단어나 어구는 밑줄을 긋거나 진하게 표시해 두었다. 또한 아이들의 이야기를 다시 읽으면서 발견되는 주제나 의미를 중심으로 아이들의 이야기를 연구자로서 나의 언어로 다시 이야기하여 별도의 칸에 정리하였고, 다음 시간에 진행할 인터뷰 문항을 추가하기도 했다.

인터뷰는 담임교사와 상의하여 두 번째 수업을 한 날로부터 한 주일이 지난 후에 진행했다. 인터뷰를 하기 전에 미리 준비한 질문지를 작성토록 하였다. 이 질문들은 인터뷰를 할 때 주요 질문으로 사용할 것이었으며, 아이들이 미리 생각해 볼 수 있는 기회를 제공하고자 하였다. 질문지의 문항은 다음과 같다.

① 내가 타이핑해 온 글을 읽어 주세요. 여러분이 한 이야기가 맞나요?
② 이야기에 덧붙이고 싶은 것이 있나요?
③ 이 경험이 특별한 이유는 무엇인가요?
④ 그 경험 중에서도 가장 인상 깊었던 '한순간'을 생각해 보세요.
⑤ '바로 그 순간'에 이름을 붙인다면?
⑥ 이 경험을 한 뒤에 느꼈던 감정은?
⑦ 이 경험을 통해서 무엇을 배웠나요?
⑧ 이 경험에서 숲은 무엇을 가르쳐 주었나요?
⑨ 이 경험을 통해 숲을 은유적으로 표현한다면?

학교에서 도서관 한편에 특별히 마련해 준 장소에서 아이들과 인터뷰를 진행했다. 인터뷰는 무계획적인 표준화 면접[16] 방법을 따랐으며, 가능한 한 아이들이 자신들의 기억을 되살려 내고 그 기억을 충분히 표현할 수 있도록 하는 데 중점을 두어 진행하였다. 인터뷰는 미리 작성한 질문지 문항을 중심으로 진행하되, 순서 등에 얽매이지 않고 대화가 자연스럽게 진행될 수 있도록 신경을 썼다. 이틀에 걸쳐 같은 장소에서 진행되었고, 한 명당 20여 분씩 소요되었다. 수업 시간과 마찬가지로 인터뷰 장면을 캠코더로 촬영하였다. 인터뷰는 내가 타이핑해 온 아이들의 이야기와 각각의 이야기에 대한 나의 메모를 아이들에게 읽어 보도록 하여 본인의 이야기가 맞는지 확인한 후, 그 이야기를 직접 말로 요약하는 것으로 시작하였다. 말하기를 통해 글쓰기에서 잘 드러나지 않던 아이들의 감정을 확인할 수 있었고 경험 중에서 아이들이 중요하게 여기는 부분이 무엇인지를 새롭게 발견하기도 했다.

인터뷰 후에 아이들에게 다음 수업시간까지 각자의 이야기를 시나 소설 등으로 표현해 달라고 요청하였다. 대부분의 아이들은 경험을 시로 표현해 왔고, 소설, 수필, 만화로 표현한 아이들도 있었다.

다시 이야기하기는 아이들의 이야기를 듣고 체험을 수집하고 분석하는 단계와 동시에 진행되었다. 나는 아이들이 경험한 숲에서 가장 인상 깊은 이야기를 반복해서 할 수 있도록 계획을 세웠다. 이에 따라 아이들은 한순간 또는 한 가지 사건에 대한 이야기를 글로 쓰기, 요약해서 말하기, 질문지 작성하기, 인터뷰하기, 시나 소설로 창작하

---

16) Goetz & Lecompte는 면접을 세 가지 유형, 즉 계획적인 표준화 면접, 무계획적인 표준화 면접, 비표준화된 면접 등으로 나누었다. 이 가운데 본 연구에서 채택한 무계획적인 표준화 면접은 동일한 질문과 세부적인 질문이 모든 응답자에게 사용되지만 배열순서는 응답자의 반응에 따라 바뀔 수 있어서 자연스럽고 의사소통하기가 좋다(김윤옥 외, 2001).

기 등으로 다시 말하였다. 또한 아이들이 다시 말할 때마다 그 이야기에 대해 나에게 떠오르는 생각을 메모하거나 되묻거나 나의 언어로 다시 풀어쓰는 등 아이들의 이야기를 다시 이야기해 나갔다. 아이들의 말하기에서 과거의 경험에 집중하도록 하면서도 그 경험이 '현재의 자신'에게 어떤 의미가 있는지 또는 그 경험이 앞으로 아이들이 살아가는 데 어떤 영향을 미칠 것인지 등에 대해 지속적으로 신경을 씀으로써 '과거, 현재, 미래의 구성'이 이루어질 수 있도록 하였다. 아이들이 이야기를 할 때에는 시간적 배경과 공간적 배경, 등장인물 등을 꼭 넣어 달라고 주문하여 '장소 또는 환경 구성'이 드러나도록 하였다. 또한 아이들의 이야기를 녹화한 후 타이핑하고 반복해서 읽으면서 내가 다시 정리하고 이야기한 아이들의 이야기를 각자에게 다시 보여 주며 자신이 하고자 한 이야기가 맞는지 확인하고 그중에서도 가장 강조하고 싶은 단어나 구절을 고르도록 하는 등의 과정을 통해 이야기가 내포한 의미를 찾기 위한 노력을 지속적으로 기울였다.

분석과정에서는 해치(Hatch, 2002)가 제시한 질적 연구 분석 방법 중 귀납적 분석과 해석적 분석을 따랐다. 귀납적인 사고는 특수한 것에서 일반적인 것으로 진행한다. 이해는 특정한 요소로 시작하고 그 요소 간의 관련성을 찾아냄으로써 초래된다. 귀납적으로 논쟁하는 것은 특정한 증거로 시작하고 그러한 증거를 의미 있는 전체로 통합하는 것이다. 귀납적 데이터 분석은 연구 중인 현상에 대해 일반적인 진술문이 만들어질 수 있도록 데이터에서 의미 있는 패턴을 탐색하는 것이다. 귀납적 분석 방법에 따라 나는 분석 과정 동안 계속해서 데이터가 드러내고자 하는 것이 무엇인가에 초점을 맞추고 데이터에 근거한 분석이 되도록 하는 데 집중하였다. 특히 넓게는 경험의 과정을 확인하고 주요 단계의 의미를 이해하고자 노력하는 동시에, 좁게는 경험의 의미를 드러내는 핵심적인 주제에 집중하여 그 의미를 밝히는 작업을 병행하였다.

또한 귀납적 분석 과정에서 발견되는 교육적 의미에 대한 탐구 과정으로서 해석적 분석을 병행하였다.[17] 해치(Hatch, 2002)는 월콧(Wolcott, 1994)을 참조하면서 귀납적 모형과 해석적 모형을 결합함으로써 단계를 혼합하거나 귀납적 분석이 완료된 후에 해석적 모형에 단계를 추가하면서 그러한 과정이 보다 순차적일 수 있게 수행될 수 있다고 제안하고 있다.

분석의 첫 번째 단계는 데이터를 해독하고 분석틀을 확인하는 단계이다. 분석틀이란 어떻게 데이터를 자세하게 검토하는 것을 시작할 것인가에 관한 대강의 지침을 만드는 것이다. 이러한 초기 결정은 그 후에 따라올 분석을 구체화한다. 이 연구에서는 이 단계의 수행 결과로 25개의 연구주제별 파일과 34개의 참가자별 파일이 만들어졌다.

두 번째 단계는 분석틀 안에서 발견된 의미론적 관계에 근거한 영역을 만드는 단계이다. 스프레들리(Spradley)는 「발전식 연구절차(Developmental Research Sequence)」에서 최초의 분석적 단계로써 영역분석을 사용하고 있다(Hatch, 2002). 이 연구에서도 25개의 연구주제별 파일과 34개의 참가자별 파일을 수십 차례 반복해서 검토하면서 데이터에 나타난 관계를 반영하는 의미나 영역의 범주 세트를 발전시켜 나갔다. 이 과정에서 떠오르는 잠정적인 주제들은 따로 메모를 해 두었다.

---

17) 해치(2002)는 저자이자 대학교수의 입장에서 초보 연구자들이 기술과 분석을 강조한 이전의 데이터 변환 위에 해석을 형성해 나가는 것을 권장한다는 입장을 밝히고 있다.

세 번째 단계는 두드러진 영역을 확인하고 그 밖의 것은 제쳐 놓는 단계이다. 즉, 어떤 영역이 중요하고 어떤 영역이 그렇지 않은지에 관한 예비 판단을 내리는 단계, 어떤 영역이 진행되는 프로젝트에 두드러질 것인가를 결정함으로써 분석의 초점을 한정하는 단계이다. 이 단계의 결과물은 보다 깊이 있는 탐색을 위한 잠재성을 제공하는 범주를 포함하는 영역표의 세트가 된다. 이 연구에서는 연구 문제에 집중하면서 두드러진 영역을 확인하였고, 두드러진 영역을 중심으로 영역표를 완성하였다.

네 번째 단계는 두드러진 영역을 상세화하고 데이터에서 관계가 발견되는 곳을 계속 기록하면서 데이터를 다시 해독하는 단계이다. 이 연구에서는 두드러진 영역에서 영역을 보충하는 관계가 데이터에서 발견되는 사례를 탐색하면서 데이터를 해독하는 이 단계를 참가자별로 따로 진행하였다. 즉, 영역 분석 과정에서 발견한 잠정적인 주제를 대표하는 참가자를 선정하고 이야기를 다시 이야기하면서 데이터를 집중적으로 분석하였다.

다섯 번째 단계는 영역이 데이터에 의해 지지되는지를 결정하고, 각각의 영역 안에서 영역의 관계와 부합하지 않거나 상충되는 예에 해당하는 데이터를 조사하는 단계이다. '연구 중인 상황에서 이러한 영역의 존재를 지지하는 충분한 데이터가 있는가?', '데이터가 이러한 영역을 포함하기 위한 사례를 만들 정도로 충분히 설득력이 있는가?', '나의 영역에서 표현된 관계들과 상충되거나 부합되지 않는 다른 데이터가 있는가?' 등의 질문에 유의하면서 데이터의 질을 확인해야 한다. 이 연구에서는 분석 절차 내내 일치되지 않는 증거를 찾는 데 계속 주의를 기울였으며, 일치되지 않는 증거가 발견되면 그 데이터가 전체 데이터 안에서 의미하는 것이 무엇인지를 파악하여 결과에 포함시켰다.

여섯 번째 단계는 영역 내에서 분석을 완결하는 단계이다. 이 단계는 확인된 영역 내에서 복잡함, 풍부함, 그리고 깊이에 대해 검토하기에 관한 것이며, 영역 내에서 분석을 완성하는 것은 무엇이 거기에 있는가를 구성하는 다른 가능한 방식에 대한 탐색으로 포함용어, 의미론적 관계, 그리고 총괄용어를 재고하는 것을 의미한다. 그것은 각각의 포함용어 내에서 구성될 수 있는 범주(혹은 하위범주)가 있을 수 있다는 생각을 다루는 것을 의미한다. 이 연구에서는 이 단계를 다음 분석 단계인 영역에 걸친 주제 조사하기와 병행하여 진행하면서 관계 간의 관계가 드러나는 영역을 중심으로 집중적으로 영역 내에 포함된 하위 범주들의 관계를 분석하였다.

일곱 번째는 영역에 걸친 주제를 조사하는 단계로서, 개별 영역에서 물러나서 그들 간의 연관성을 찾는 단계이다. 이 단계는 주제 찾기로 간주할 수도 있는데, 영역 간에 어떤 연관성이 있는가를 발견하는 것이다. 즉, '이 모든 것이 의미하는 것은 무엇인가?', '어떻게 이 모든 것이 서로 부합될 수 있는가?'라는 질문에 유의하면서 관계 간의 관계를 찾는 단계이다. 이 과정에서 영역들을 논리적인 관계를 중심으로 재해석하고자 하였고, '아이들은 숲에서 무엇을 어떻게 배우는가?'라는 질문의 대답으로 부각되어 떠오르는 주제들을 발견하고자 노력하였다.

여덟 번째 단계는 영역 내에서 그리고 영역 간의 관계를 나타내는 종합 개요를 만드는 단계이다. 이전의 두 단계에서 관계가 영역 내에서, 그리고 영역 간에 탐구되었다면, 이 단계에서 전체적인 분석이 어떻게 서로 부합되는지에 대한 포괄적 표현을 생성하고자 하였다. 이 연구에서는 '낯섦-감-맞닥뜨림-느낌-배움-되살림'으로 전체를 엮어 종합 개요를 작성했다.

아홉 번째 단계는 개요의 요소를 지지하는 데이터 발췌를 선택하는 단계이다. 선행 연구 검토과정에서 표시해 둔 데이터를 다시 읽어 가며 개요의 요소별로 결과를 지지하는 부분을 발췌하여 넣었고, 아이들 경험 이야기에서 발견되는 교육적 의미들을 기존의 연구 성과들과 연결시켰다.

이 연구는 월콧(Wolcott, 1994)이 제안한 질적 연구 글쓰기 방법에 유의하면서, 연구자가 본 것을 독자가 보게(see) 하고, 연구자가 안 것을 독자가 알게(know) 하며, 연구자가 이해한 방식으로 독자가 이해(understanding)하도록 하는 데 초점을 두어 글쓰기를 하였다. 글쓰기의 시점은 탈고 단계에서 제1인칭 시점으로 정리되었다.

글 쓰는 의식을 창조하라(Hatch, 2002)는 제안에 따라 주로 새벽 일정한 시간을 규칙적으로 활용하여 글을 쓰고자 노력하였으며, '1123'과 같이 파일명에 수정한 날짜를 나타내는 숫자를 기입하여 매일 다른 이름으로 저장함으로써 필요할 때에는 연구의 진척 과정을 확인할 수 있도록 하였다.

월콧(Wolcott, 1994)은 질적 연구에서 '타당도'를 대신할 기준으로 '이해도'를 들고 있다. "'이해'는 진리의 입증이 아닌 의미의 구성을 중시하며, 앎보다는 느낌을, 그리고 과학적 엄밀성이나 실용적 가치보다 '발견'과 '공감'을 더 중시한다."(박지영, 2007: 19) 본 연구 과정 내내 연구 결과를 기존의 연구와 비교하면서 발견되는 의미를 확인하고 검토하여 이해하고자 하였다. 또한 연구자로서 내가 보고 이해한 것을 독자들이 공감할 수 있도록 하는 데 유의하면서 글쓰기를 전개했다. 또한 연구 참가자들이 자신들의 이야기를 읽어 보고 확인하는 절차를 계속 밟아 나갔다.

제2장

이 유

1. 어린 시절 숲에서의 경험이 중요한 이유

캘럿(Kellert, 2002)은 본 연구에 이론적 기반을 제공하였다. 캘럿(Kellert)과 칸(Kahn)이 함께 엮은 「아이들과 자연(Children and Nature)」에 수록된 이 연구물은 아이들의 정서적, 인지적, 가치판단적 발달과 자연에 대한 경험의 역할에 대해 설명하고 있다. 아이들의 발달에 영향을 주는 자연 경험을 직접 경험, 간접 경험, 상징적 경험의 3가지로 나누어 설명하고 있으며, 바이오필리아(biophilia)[18]의 개념과 자연에 가치를 부여하는 바이오필리아 요소들을 어린 시절 자연 경험이 성격 형성과 발달에 미치는 영향 등을 설명하는 데 사용하고 있다. 그는 자신의 논의를 시작하면서 이 주제에 관한 연구 자료가 매우 부족하다는 점과 함께 이 분야에 대한 과학적 연구가 계속될 필요가 있음

---

18) 윌슨(Wilson)은 우리 인간은 물질적 · 정신적으로 자연과 아주 깊은 연관을 맺게 되었기 때문에 건강한 자연과 함께할 때에만 비로소 참된 인간성의 구현이 가능하다는 자연친화 사상을 '바이오필리아(biophilia)' 가설로 정리하였다. 바이오필리아란 우리 인간의 마음속에는 자연계 모든 생물에 대한 애착심, 즉 측은지심(惻隱之心)이 내재되어 있다는 사고다. 이 가설을 처음 주장한 윌슨은, 인간이 다른 모든 생명체들과 자연계의 과정에 본원적으로 어떻게 관련되어 있는지를 설명할 수 있는 개념으로서 1984년에 처음으로 바이오필리아(bio생물 + philia사랑)라는 용어를 제시했다. 바이오필리아 가설은 자연이 인류가 생존 유지와 종족 번식을 위해서 필요로 하는 물질자원의 공급원이라는 피상적인 관념을 훨씬 넘어서서 인간은 심미적, 지성적, 인지적, 심지어 정신적 안정과 만족을 위해서도 자연에 의지할 수밖에 없다고 선포한다(홍욱희, 2001). 또한, 캘럿(Kellert)은 바이오필리아 가설에 따른 자연의 가치를 미적 가치, 지배적 가치, 휴머니즘적 가치, 도덕적 가치, 자연주의적 가치, 부정적 가치, 과학적 가치, 상징적 가치, 실용적 가치 등으로 정리하였다.

을 지적하였다. 그의 또 다른 연구물은 에드워드 윌슨(Edward Wilson)과 그가 함께 엮은 「바이오필리아 가설(Biophilia Hypothesis)」에 수록되어 있는데, 이 글은 9가지 바이오필리아 요소를 하나하나 구체적으로 설명하고 있다.

카울라(Chawla, 2002)는 영국 낭만주의 작가인 윌리엄 워즈워스(William Wordsworth)의 사상을 정리하였다. 워즈워스는 자연을 살아 있는 유기체로 이해하여야 하며 자연에 대해서 사랑과 경외를 올바르게 느껴야 한다고 주장했다. 특히 워즈워스는 어린 시절에 온 생애에 걸친 외부세계와의 민감한 교감의 기틀이 형성된다고 믿었다. 그는 어린 시절의 많은 인상들은 뚜렷하게는 기억할 수 없는 정도의 감정을 남기지만, 그럼에도 불구하고 자연에 대한 어린 시절의 인상들은 이후의 삶 속에서 '조용한 회복'에 기여하며, 작고, 이름 없고, 기억되지 않는 친절과 사랑의 행동을 이끌어 내는 도덕적 영향을 끼친다고 믿었다. 또한 자연에 대한 어린 시절의 인상은 조화와 환희의 깊은 힘에 의해 고요해진 눈으로 우리가 사물의 생명을 바라볼 때에, 자연 세계에 몰입할 수 있는 습관을 만들어 낸다고 보았다. 즉, 어린 시절은 한 사람의 영혼을 형성하는 데 있어서 '명백한 근원의 시기(fair seed-time)'이며, 숲과 들판과 공원과 정원 등 '녹색 세상(green world)'은 바로 어린 시절의 '시간의 지점들(spots of time)'을 만들어 내는 데 매우 중요한 영향을 끼친다고 보았다.

캐처(Katcher, 2002)는 아이들을 대상으로 한 동물원 프로그램에 대한 연구를 통해, 매우 공격적인 아이들이 동물과 함께 있을 때 더 협동적으로 행동하고, 덜 적대적으로 변하며, 좀 더 사회적인 능력을 보인다고 보고했다. 또한 자아개념 척도(Children's Self-Concept Scale)를 이용하여 측정한 결과를 토대로 하여 아이들의 자아에 대한 생각이 교실에서보다 동물원에서 분명하게 더 긍정적임을 밝혔다. 또한 "동화 속의 아이는 숲 속에서 그에게 도움을 주는 동물을 만나게 된다. 그 동물은 최소한 인간의 말을 하는 정도의 능력을 갖추고 있으며, 아이가 선택의 기로에 있을 때 우연히 마주친다. 위험하지만 조력자인 동물들이 있는 숲은 참여자들이 하나의 정체성에서 또 다른 정체성으로 넘어가는 통과의례의 상태와 유사한 특별한 상황을 만들어 낸다"(Katcher, 2002: 191)면서, 적합한 환경하에서 실제의 동물들은 동화 속의 동물들이 그들과 마주치는 인간 아이들의 운명을 바꾸었던 것과 마찬가지 방법으로 아이들의 행동을 바꾸고 성장으로 이끄는 중재자 역할을 할 수 있다고 주장한다.

마이어스와 사운더스(Myers & Saunders, 2002) 역시 동물들은 인간의 자연 세계에 관한 경험에 있어서 매우 중요한 부분임을 밝히고 있다. 그들은 특히 동물이 우리에게 매혹적인 이유 중 하나로서 동물들이 우리에게 매우 활발한 상호작용의 기회와 책임감을 제공한다고 주장한다. 나아가 동물에 대한 본성으로서의 돌봄(natural care)이 좀 더 확대되어 환경의 돌봄으로 발전할 수 있을 것이라고 믿었다.

토마쇼우(Thomashow, 2002)는 자연(야생)에서의 체험이 청소년기의 정체성이 올바르게 발달하는 데 있어 중요한 역할을 한다고 주장한다. 그는 자연을 통해 사춘기의 청소년들은 잡지나 영화, 음악, 그리고 학창시절에 형성된 것들과는 다른 사회적 세계의 생활에 관여하게 되며, 자연을 통해 그들은 어떤 속박에서 풀려나서 야생에서의 삶과 죽음에 대한 진실, 생존의 원리, 인간의 목적과 의미 등에 점차 다가서게 되거나 정면으로 마주 서게 된다고 하였다. 또한 그는 자아가 세상 깊숙이 연결되어 확장되었을 때 환경의 파괴는 자아의 파괴로 이어지며, 만약 그렇게 위축된 상태로 방치한다면 자아의 모습은 우리 의식의 심연 속으로 오그라들고 움츠러들 것이라고 주장하였다. 그러나 불행하게도 어른들 중 대다수는 그들의 삶이 자연과 연결되어 있다는 것에 무감각하며, 그들이 세상을 보고 생각하는 방법이 환경에 영향을 미친다는 것을 절대로 인정하려 하지 않는다고 지적하였다. 또한 그는 청소년들은 종종 자연의 풍경과 동물 또는 다른 몇 몇의 자연현상을 자신의 성장과 발전의 메타포로 여긴다고 하면서 그 예로 그가 고등학교 학생들과 활동했던 '기억 속에 존재하는 공간 배치하기'라는 프로그램을 소개한다. 그는 이 프로그램을 통해 개인적 공간을 만드는 것은 청소년들이 앞으로의 중요한 변화를 위해 육체적으로, 상징적으로 준비를 하는 행동의 하나라고 주장한다. 결국, 토마쇼우는 우리가 살고 있는 복잡한 이 세계에서 자연은 우리에게 안정과 균형으로 돌아갈 수 있는 장소와 꾸밈없는 삶의 진실한 것들을 제공하며, 자연에서의 인상 깊은 경험을 통해 청소년들은 자신을 구체화하는 데 필요한 재료들을 충분히 얻는다고 주장한다.

칸(Kahn, 2002)은 '아이들이 리오테조에서 돌고래를 본 것을 자연의 경이로움의 하나로 기억한다는 것은 과연 얼마나 중요한 의미를 가지는 것일까?' '아이들이 악화된 환경에서 자랐을 때, 그들의 환경적 신념과 감수성에는 어떤 변화가 일어날까?' 등에 대한 문제를 다루고 있다. 또한 그는 '환경에 대한 세대 간 기억상실증(Environmental Generational Amnesia)'이라는 '우리 세대가 직면한 가장 시급하지만 잘 인지하지 못하고 있는 문제'를 제기한다. 사람들은 나중에 환경 파괴 정도를 비교할 때, 어린 시절 접했던 자연환경을 기준으로 삼는데, 한 세대의 어린 시절 환경은 그전에 비해 환경 파괴의 양이 증가한 상태이지만 그 세대는 그 상태를 평균적인 상태로 간주한다는 것이다. 즉, 환경에 대한 세대 간 기억상실증의 발단은 이전 세대가 저지른 환경 파괴에 대한 부담을 가지지 않고 각각의 세대가 새롭게 시작한다는 데 있다. 그 결과가 매우 심각함에도 불구하고 우리는 신체적으로, 정신적으로 고통을 받으면서도 그것을 인식하지 못하고 있다는 것이다. 칸의 결론은 이렇다. 첫째, 아이들은 자연을 통해 풍부하고 다양한 개념과 가치관을 세우지만 우리는 종종 물질적 이득을 위해 환경을 파괴시킴으로써 아이들의 정신적 형성의 원천을 파괴하고 있다는 것이다. 둘째, 환경에 대한 세대 간 기억상실증은 그 기준이 어린 시절이므로 그 문제 해결도 어린 시절에 시작하는 것이 좋다는 것이다. 그는 해결책으로 아이들과 자연과의 상호관계를 최대화하기 위해 아이들을 구성주의 환경교육에 참여시켜야 한다고 제안한다. 아이들의 환경에 대한 생각의 초기 형태는 대개 틀린 것이 아니라 불완전한 것이며 더 적절한 지식의 형태로 발전될 수 있음을 인식할 필요가 있다는 점과, 물리적인 자연세계와의 상호작용뿐만 아니라 사회적 세계와의 상호작용을 통해서도 지식을 구축할 수 있음을 알아야 할 필요가 있다는 것이다. 셋째, 환경에 대한 세대 간 기억상실증은 자연과 야생 환경의 보존을 통해 극복할 수 있다는 점이다. 그는 산등성이, 시내 공원 근처, 자연보호구역 등 우리가 통제할 수 있는 범위 내에서 자연과 어우러진 도시를 설계해야 한다고 주장한다.

파일(Pyle, 2002)은 교육환경의 중요성에서부터 출발한다. 아이들이 찾아낸 특별한 장소 자체가 바로 교실에 필적할 만한 교육을 제공한다는 것이다. 아이들은 스스로 학습하는 존재이며, 그들의 교육과정은 아이들이 활용할 수 있는 모든 것에서부터 만들어진다는 입장이다. 만약 그 장소가 거리라면 거리의 전문가가 될 것이고, 그 공간이 컴퓨터라면 컴퓨터 전문가가 될 것이며, 만약 가까운 곳에 야생이 펼쳐져 있다면 적어도 몇 명의 아이들은 교육을 받기도 전에 자연의 전문가가 되어 있을 거라는 것이다. 특히 그는 도시의 '열린 공간(Open Space)'의 중요성을 역설한다. 도시가 본격적으로 커짐에 따라 도시의 빈터들이 사라졌고, 아이들은 자연과 만나기 위해서 시간을 내어 교외로 나갈 수밖에 없게 되었다고 지적한다. 그는 "빈터에 에덴이 있다(Eden in a Vacant Lot)"(Pyle, 2002: 305)고 주장한다. 파일은 빈터, 즉 큰 나무가 있거나 풀이 무성한 장소, 강이나 숲 지대에서 아이들은 놀이와 모험을 즐기고, 도망갈 보루를 만들 수도 있으며, 가재나 벌레들을 잡을 수도 있다는 점을 빈터의 역할 중 첫 번째로 꼽았다. 둘째로 그곳에서 '인간이 아닌 이웃'들에 대해 알 수 있다는 점을 들었다. 인구문제와 극심한 화학적 오염을 제외하고는 민감한 환경 미래를 향한 가장 큰 위협은 자연에 대한 무지라는 것이 그의 주장이다. 셋째로 도시의 빈터, 시냇가, 뒷동산 등에서 제공받는 가장 중요한 서비스로 그는 '친밀감(intimacy)'을 들었다. 즉, 그곳들은 우리 주변에서 다양하고 풍성한 자연환경 요소들과 친밀하게 교감을 유지할 수 있도록 한다는 것이다. 자연과 친밀감을 나누는 경험이 소멸되었을 때 도시는 점점 인간들이 그들의 인간성을 잃어버리는 야생지역이 될 것이며, 이것은 몰개성화, 격리, 소외 등의 비인간성이 도시에서 살아가는 방식이 되어 가기 때문이라고 그는 주장한다. 자연과의 경험적인 접촉이 감소했을 때 아이들은 신선한 공기와 함께 운동하는 것이 부족하게 되고, 점점 비만해지고 게을러지며, 육체적인 활동을 찾기

보다는 컴퓨터나 텔레비전에 의존하고 그것에 길들여지게 되며, 나아가 지적으로, 정신적으로 문제를 겪게 될 수 있다고 경고한다.

타너(Tanner)는 미국의 환경단체에 종사하는 사람들을 대상으로 그들이 현재와 같은 행동을 하게 만든 이전의 경험이 어떤 것이었는지에 대해 조사한 결과, 어린 시절의 야외 자연에서의 경험이 가장 큰 영향을 주었다는 사실을 밝혀내었다. 이와 같이 친환경적 가치와 행동을 형성하게 하는 경험을 '의미 있는 삶의 경험(SLE, Significant Life Experience)'이라고 지칭한다. SLE에 관한 연구는 '어떤 종류의 초기 경험이 성인의 행동에 중요한 영향을 미치는지를 알아낸다면, 아동의 교육에 그러한 경험을 그럴듯하게 복제할 수 있을 것'이라는 가정에 기반하고 있다. 즉, 환경보존과 보호에 적극적인 행동을 하고 그러한 가치를 가진 성인들을 대상으로 그들이 그러한 활동을 하게 된 의미 있는 삶의 경험들을 찾아내서 현재의 아동들에게 그와 동일하거나 혹은 유사한 경험을 획득할 기회를 제공하는 것이 교육적으로 효과가 있을 것이라는 것을 전제하고 있다(권영락, 2005).

보린(Borin, 2005)은 아이들과 자연의 관계 맺기는 여러 차원에서 가치가 있지만 그 경험은 점점 줄어들고 있다고 지적하고, 이러한 현실은 아이들이 어렸을 때, 혹은 자연과 의미 있는 시간을 보낼 때만이라도 자연과의 경험을 기록해야 한다는 것을 의미한다고 강조한다. 아이들의 자연에 대한 이야기를 수집하고 기록하는 과정에서 아이들이 자연과 시간을 보낼 때의 느낌을 증명할 수 있고, 그들이 자연으로부터 배우는 교훈을 확인할 수 있으며, 자연의 가치를 확신할 수 있기 때문이다. 또한 그는 아이들이 자연에 관해 쓴 글을 보면 아이들이 자연환경에 대해 어떻게 이해하는지, 그리고 그 자연환경 속에서 그들 스스로를 어떻게 바라보는지 알 수 있다고 밝힌다.[19] 아울러 그는 아이들이 자연을 이야기할 때, 그들은 자신들의 삶을 새롭게 하고 더욱 명확히 하며, 자연에 대한 경험을 다시 체험하고(다시 생각하고) 확인한다고 주장한다.

그 밖에 아이들이 어린 시절에만 경험할 수 있는 방법으로 자연과 관계를 맺는다는 여러 주장들이 있다. 콜스(Coles)는 아이들이 자연을 이해하고 관계를 맺는 것뿐만 아니라, 정서적 경험을 하고 있음을 발견했으며, 워너(Werner)는 아이들은 무생물을 살아 있는 생물처럼 생각한다고 주장하였는데, 예를 들어, 아이들은 나무에게 특정한 본질과 색감이 있다고 생각하며, 또한 나무가 사람처럼 용감함 또는 대담함과 같은 느낌을 가지고 있다는 것이다(Borin, 2005에서 재인용). 카울라(Chawla)에 의하면 어린 시절은 바깥세상과 소통을 준비하는 단계로서 자연뿐만 아니라 세상 모든 대상에게 동정심과 연민을 느끼는 시기이며, 네버스와 빌만-마에카(Nevers & Billmann- Mahecha)는 초등학생들은 정서적인 감정을 나무에 부여하지만 나이를 먹어 감에 따라 이런 능력은 감소한다고 하였다(Borin, 2005에서 재인용). 윌슨(Wilson)은 아이들이 어른들과는 다른 방법으로 자연과 관계를 맺으며, 이 관계는 모든 감각을 필요로 하고, 아이들의 삶을 향상시킨다고 하였고, 티스달(Teasdall)은 유년기에 자연과 보낸 시간을 보면 그 사람을 정신적으로 깊이 이해할 수 있다고 하였으며, 칼스와 이트너

---

19) 엥겔(Engel)은 5가지 서로 다른 방식의 글쓰기를 통해 아이들이 자연환경과 관련을 맺을 수 있다고 주장한다. 그가 제안한 5가지 글쓰기 방법은, 자연환경의 특별한 측면을 일깨우기, 자연환경에 대한 느낌들을 창작하기, 자연환경의 이미지를 묘사하기, 자연환경에 대한 정보를 조직하기, 자연환경과 자아(self)를 연결시키기 등이며, 이러한 이야기하기를 통해 아이들은 아름다움, 동정심, 책임감, 영성 등 중요한 요소들을 획득할 수 있는 기회를 갖게 된다고 하였다(Borin, 2005: 32).

(Kals & Ittner)는 아이들과 자연의 직접적인 경험은 자연에 대한 친근 감을 촉진시키며, 나이를 먹어서도 이를 확인할 수 있다고 하였다 (Borin, 2005에서 재인용).

또한, 아이슬리(Eiseley)는 자연과 친밀한 관계를 맺는 순간은 종종 무한한 것처럼 느껴지기도 한다며 다음과 같이 말한다. "누군가는 일 생에 한 번 햇빛과 공기, 그리고 흐르는 물에 한없이 몰입하게 된다. 어느 한 날의 오후가 지나가는 동안……."(Kellert, 2002에서 재인용) 스테그너(Stegner)는 어린 시절 자연에서의 경험은 아이들의 마음에 깊이 새겨진다면서, 5세에서 12세 사이 어디쯤엔가 아이가 받은 몇 초 동안의 인상은 그의 일생에 각인될 수 있으며, 예민한 시기에 특 별한 환경을 접한 아이는 그가 죽을 때까지 그 환경을 잊지 않을 것 이라고 하였다(Kellert, 2002에서 재인용).

2. 이야기가 삶에서 중요한 이유

본 연구에서는 아이들의 이야기에 주목하면서 이야기가 우리 삶에 서 중요한 이유를 다섯 가지로 정리하였다.

첫째, 인간은 다른 존재와는 달리 '이야기하는 존재'이기 때문이다. 이야기, 즉 내러티브[20]는 인간의 역사와 함께한다고 볼 수 있다. 임재

---

20) '이야기'와 '내러티브'에 대한 개념 정의는 학자들마다 다소 다르다. "폴킹혼(Phlkinghorne)에 의하면 내러 티브는 이야기를 만드는 과정, 이야기의 인지적 도식, 과정의 결과를 의미하는데, 그는 이야기를 일반적으 로 모든 내러티브 산물로 규정하며, '이야기'를 '내러티브'와 같은 의미로 사용한다."(염지숙, 1999; 409) 한편 "코넬리와 클랜디닌은 '내러티브에 대한 탐구(inquiry into narrative)'와 '내러티브 탐구(narrative inquiry)'를 같은 의미로 사용한다. 즉, 그들에게 내러티브는 현상(연구대상)인 동시에 연구방법으로서, 내 러티브란 연구의 대상으로 삼는 경험뿐만 아니라 연구를 위한 탐구 패턴까지를 의미하며, 내러티브 탐구 란 인간의 경험에 대한 이야기이며, 그러한 경험을 해석하고 재해석하는 방법까지를 포함한다."(염지숙, 1999; 410) 나는 이 연구에서 클랜디닌과 코넬리의 입장을 따라 논의를 전개하였다.

해(2003)는 이야기는 우리의 무의식 속에 있는 에너지를 일깨워 우리를 치료하고 통합시키고 표현하고 성장시켜 주는 강력한 도구이므로 '이야기하는 인간', 즉 '호모 나랜(Homo Narran)'을 인간다운 존재로 주목해야 마땅하다고 주장한다. 바르트(Barthes)는 내러티브가 어느 장소, 어느 사회에서나 항상 있어 왔기 때문에 내러티브 없이 인간은 결코 존재할 수 없다고까지 말한다(임재해, 2003).

성서에 의하면 이 세계는 태초에 하나님의 말씀으로 창조되었다. 하늘이 생기라 하면 하늘이 생기고 빛이 있으라 하면 빛이 창조되었다. 즉, 이야기가 없다면 우주나 자연의 형성 등 태초의 상황도 알 수 없다(임재해, 2003). 서사문학의 기원이 사냥터에서 위기를 극복하고 큰 짐승을 잡을 수 있었던 특별한 경험을 자랑스레 이야기하는 등 특별한 현실의 경험을 털어놓거나 과거의 추억을 전달하는 보고에서 비롯된 것임을 보아도, 자연에 대해 이야기하기가 인간에게 있어 아주 오래전부터 익숙하고 자연스러운 일임을 알 수 있다.

둘째, 이야기가 우리 삶에서 중요한 이유는 이야기가 경험에 의미를 부여하는 방법이기 때문이다. 리쾨르(Ricoeur)에 의하면 산다는 것 자체가 경험이며, 이야기는 경험에 의미를 부여하고 삶의 의미를 새롭게 한다. 일상 현실의 경험은 시간의 흐름에 그냥 묻혀 흘러가 잊히고 마는 '혼돈'이자 '무의미'이지만 인간은 이러한 무의미를 극복하고 삶의 뜻, 존재의 뜻을 찾기 위해 '반성'을 통해 경험에 형태를 부여한다는 것이다(Ricoeur, 1984, 김한식·이경래 역, 2000). "모든 경험은 할 말이 있고, 말해지기를 기다린다. 경험이 말로 될 때 그 경험은 은유가 되고 이야기가 된다. 따라서 살아 있는 이야기, 존재 체험의 이야기는 삶의 의미를 새롭게 한다"(Ricoeur, 1984, 김한식·이경래 역, 2000: 6)는 것이 리쾨르가 주장하는 '시간(경험)과 이야기'의 관계이자 삶과 이야기의 관계이다. 브루너(Bruner)는 아이들이 내러티브를 통해 어떻게 자신이 살아가고 있는 세상에 의미를 부여하는 방법을 배우는가에 대해 논의하면서, 어린 아이들은 천성적으로 그리고 환경에 의해 기운차게 내러티브 인생의 첫발을 내디딜 준비가 되어 있다고 주장했는데, 이 주장에 의하면 내러티브 양식은 인간의 상황과 경험에 최대의 관심이 있으며 경험에 의미를 부여하는 가장 좋은 방법이다(염지숙, 2003).

셋째, 이야기는 우리에게 우리의 경험을 재구성하고 정의 내릴 수 있는 기회를 제공할 뿐만 아니라 우리가 누구인지 확인하고 재구성할 수 있도록 해 주기 때문이다. 우리의 이야기는 우리가 무엇을 하는지에 따라 변하며, 이야기가 변하는 대로 우리의 행동도 변화한다. 우리가 우리 스스로가 누구인지 계속해서 생각하고 우리 사회와 관계 짓는 것은 스스로와 주위의 세계를 재창조하는 것이다. 또한, 이야기와 이야기하는 과정은 우리에게 성장하고 상처를 치료할 기회를 준다. 이야기는 희망을 제공하며 생각의 새로운 방향을 제안해 준다. 매번 이야기할 때마다 우리는 이야기 속에서 예상치 못한 일이 일어난다는 것을 안다. 이는 새로운 엔딩을 창조하게 하며, 우리 삶의 새 출발을 의미한다(Borin, 2005).

넷째, 이야기는 소통의 힘으로 세상을 변화시킨다. 전달될 뿐만 아니라 쉽게 공유되는 이야기는 소통과 감동의 영향력이 있다. 자신의 이야기가 타인에게 전달되고 그것이 감동을 주고 다시 전달된다면 그 어떤 이론의 힘보다 이야기가 주는 소통의 힘은 강력한 것이다. 삶 속에서 이루어지는 무수한 경험들이 개인의 경험으로 묻혀 있는 게 아니라 그것이 이야기로 전달되고 타인에게 감동을 주며 작은 변화를 만든다면 이것은 개인의 이야기가 아니라 우리의 이야기가 될 것이다. 즉, 경험의 개인적 성찰이 공동체의 질적 변화로 연결될 수도 있다는 것이다(신동일 외, 2006).

또한 이야기는 우리가 다른 사회와 문화의 사람들과 어울릴 수 있도록 해 주며 이를 통해 다른 사람들의 이야기를 들을 수 있는 기회를 제공한다. 다른 사람의 이야기를 듣는 것은 우리 스스로에게 가르침을 주고, 주위에 있는 것들에 대해 배울 수 있는 기회를 주며, 얻은 것을 다른 이에게 가르칠 수 있는 기회를 준다(Borin, 2005).

다섯째, 이야기가 우리 삶에서 중요한 이유는 이야기가 교육 방법이자 교육 연구 방법이기 때문이다. 이야기는 교육적으로 사용될 수 있는 여러 가지 특성을 가지고 있다. 이야기는 그 내재된 힘을 통해 사람들에게 많은 영향을 미칠 수 있는 효과적인 교육 방법으로 사용될 수 있다. 우한용은 "경험에 질서를 부여하여 정리하고, 경험을 뛰어넘을 수 있게 하며, 세계를 만들어 가는 원리가 되는 이야기(서사)를 교육에서 수용하는 것은 그 타당성이 의심받을 이유가 없으며, 나아가 그 교육적 효용이 매우 높다는 것은 달리 설명을 요하지 않는 사항"(2001: 8)이라고 단언한다.

또한, 이야기 즉 내러티브는 교육 연구 방법이기도 하다. 교육 연구에서의 우리의 관심은 교사와 학생들의 삶의 경험이다. 교육을 개인적·사회적 이야기들을 구축하고 재구축하는, 즉 교사와 학습자가 자신의 이야기를 하고 상대방의 이야기를 들어 주는 행위로 보는 코넬리와 클렌디닌의 관점에서 볼 때, 경험으로부터 의미를 이끌어 내기 위한 효과적인 방법인 내러티브의 사용은 교육 연구에서 필수 불가결한 것이라고 할 수 있다(염지숙, 2003). 코넬리와 클렌디닌은 교육연구에서의 내러티브의 필요성을 다음과 같이 언급했다. "교육과 교육 연구는 경험의 한 형태이다. 내러티브는 경험을 표현하고 이해하는 데 있어 최선의 방법이다. 우리가 연구하는 것은 경험이며 우리는 그것을 내러티브적으로 연구하는데, 그 이유는 내러티브적인 사고가 경험의 주요 형태이며 경험에 대해 생각하고 글을 쓰는 주요 방법이기 때문이다."(염지숙, 2003: 123)

제3장
의 미

이 연구에서 나는 아이들이 숲에서 경험한 가장 인상 깊은 경험 이
야기를 수집하고 분석하였다. 특히 아이들이 숲을 어떻게 경험하며,
숲에서 무엇을 배우는가에 대한 탐구를 통해 숲에 대한 아이들의 경
험의 의미를 확인하고 이해하고자 하였다.

1. 아이들은 숲을 어떻게 경험하는가?

아이들이 숲에서 경험한 인상 깊은 경험에 대한 이야기를 수집하
여 분석한 결과, 아이들이 숲에서 의미를 만들어 가는 과정은 '낯섦
(strange)'→'감(go)'→'맞닥뜨림(meet)'→'느낌(feel)'→'배움(learn)'→'되
살림(relive)'으로 정리되었다.

〈표 1〉 아이들이 숲에서 의미를 만들어 가는 과정

무관심	-	**낯섦**	-	생태맹
부모	-	**감**	-	함께
감각	-	**맞닥뜨림**	-	멈춤
감정	-	**느낌**	-	메타포
변화	-	**배움**	-	가치
기억	-	**되살림**	-	이야기

　아이들에게 숲은 낯선 곳이었다. 잘 알지 못했고, '나'와는 상관이 없어서 관심도 없었던 곳이었다. 직접 가서 경험하고 느껴 볼 기회가 별로 없고 동화책으로만 접하던 곳이었다. '낯섦'의 단계는 무관심에서 비롯되었다.

　아이들은 숲으로 갔다. 숲에 가지 않고는 숲과 맞닥뜨릴 수가 없다. 연구에 참가한 모든 아이들은 숲에 갔던 기억을 가지고 있었고, 숲으로 간 시간적 배경, 공간적 배경, 동행자, 숲에 간 이유 등을 이야기해 주었다. 특히 연구에 참가한 아이들의 부모는 아이들과 숲에 함께 가거나 숲에 가게 된 동기를 제공하는 등 아이들이 숲에 가는 데 결정적인 역할을 했다.

　숲에서 아이들은 숲과 맞닥뜨렸다. 맞닥뜨림은 보고, 듣고, 냄새 맡고, 맛보고, 만지는 등 오감을 통해 경험되었다.

　숲과 맞닥뜨린 순간 아이들은 특별한 감정을 경험했다. 무서움, 불쌍함, 신기함, 놀라움, 고마움, 실망감 등의 감정이었다.

이러한 경험을 통해 아이들에게는 변화가 생겼다. 숲에 대하여, 다른 사람에 대하여, 자기 자신에 대하여 생각과 가치의 변화가 생겼다.

아이들은 연구 참여를 통해 기억을 되살려 냈다. 또한 되살려 낸 기억을 여러 차례 이야기함으로써 경험의 의미를 새롭게 발견했다.

1) 낯선 숲

본 연구에 참여한 아이들이 숲을 경험하는 첫 단계는 '낯섦'이라는 단어로 대표된다. 숲에서 인상 깊은 순간의 경험을 하기 전까지 아이들에게 숲은 낯선 곳이었고, '나와는 상관없는 곳'이었다. 숲에 대해 관심을 갖고 있지 않았으며, 숲은 따분하고 재미없는 곳이라는 인식을 가지고 있었다. 다만 막연히 숲이 좋은 공기와 목재를 공급하고 있다는 사실 정도를 알고 있을 뿐이었다. 또한, 숲은 쓸모없고 필요없고 하찮고 보잘것없고 징그럽고 더럽고 무섭고 이상한 것들이 모여 있어서 가기 싫은 곳이었다.

"3학년일 때만 해도 자연에 대해 잘 몰랐다. 거기에 대해 생각도 별로 해 보지도 않고 단지 '나무는 깨끗한 공기를 제공해 줘' 이 정도밖에 몰랐다", "숲에는 그냥 식물이나 동물이 있고 숲은 공기만 정화해 준다고 생각했는데……"라는 이야기는 아이들의 숲에 대한 생각과 태도를 잘 대변해 준다. "숲은 나무가 우거지고 식물만 있는 줄 생각"하거나 "처음엔 숲에는 나무들만 사는 줄 알았다"는 이야기처럼 숲은 '나무만 많은 곳, 지루한 곳' 그래서 '좀 따분하고 재미없는 곳'으로 인식되어 있었다. 또한 "평소에는 하찮게 생각했거든요. 제대로 움직이지도 않고 동물한테도 지잖아요. 그러니까 하찮게 생각했는데요"라거나 "벌레가 징그럽고 더럽다고만 생각했다"거나 "예전에는 개미 같은 것, 작은 것을 밟아도 뭐 별 이상 없겠지라고 밟아 버렸는데"라는 말에서 알 수 있듯 나무나 곤충 등 숲을 이루고 있는 존재들을 하찮고 더러운 존재로 인식하고 있었다.

아이들이 이렇게 생각하고 있는 주요한 원인은 아이들이 숲을 직접 경험해 보지 못했기 때문이다. "낯선 숲이라고 할까……동화책처럼……숲을 그때 처음 접해 봤는데요. 그런데 뭐 동물도 없고 그리고 또 차 지나다녀 가지고 좀 낯선 느낌이 들어서"라거나 "나는 처음에는 사슴벌레, 장수풍뎅이 같은 것을 손에 못 올려놨다. 근데 그때 아는 동생이 한번 만져 보라고 해서 손에 올려놨다. 내가 사슴벌레를 못 올려놓은 이유가 다리 때문에 따가울 것 같았는데 의외로 간지러웠다. 그래서 나도 찾으려고 찾아봤는데 없었다. 나는 그 뒤로 곤충이 좀 더 좋아진 것 같다"라거나 "옛날에는 책에서 봤었을 때처럼 그냥 사진 속의 숲처럼 생각했는데, 진짜 보니까 더 다양하고 신기한 것도 많았어요"라고 놀라워하는 아이들의 이야기를 통해 숲을 직접 경험한 것과 그렇지 못한 것의 차이를 확인할 수 있다.

이상에서 살펴본 바와 같이 아이들에게 있어서 직접 숲을 경험하는 기회는 매우 소중하다. TV나 동화책, 컴퓨터 등을 통해 자연을 접하던 아이들은 직접 숲에 갔던 경험을 특별하게 기억하고 있었다. 간접 경험이나 상징적 경험으로는 경험하지 못하는 직접 경험의 중요함을 확인할 수 있었다. 중요한 것은 이러한 직접 경험을 통해 아이들은 스스로 숲에서 뭔가 배웠고, 그래서 스스로 뭔가 달라졌다고 이야기한다는 점이다. 사슴벌레를 손에 올려놓아 보지 않았다면 사슴벌레의 다리가 계속 따갑다고 생각할 것이며, 곤충을 좋아하게 되지도 않았을 것이다. 또한 숲에서 직접 다래를 따서 먹어 보는 경험을 하지 못했다면 자연의 소중함에 대해 생각해 보지 못했을지도 모른다.

아이들의 숲에서 인상 깊은 경험을 하기 전까지의 이러한 '낯선' 상태를 데이비드 올(David Orr, 1992)은 '생태맹(Ecological Illiteracy)'이라고 규정한다. 생태맹은 "인간이 자연과는 떨어질 수 없는 밀접한 관련을 맺고 있음을 인식하지 못하는 상태를 의미하며, 문맹, 컴맹 등에서 풍기는 뉘앙스처럼 생태학적 지식의 결여나 자연 해독능력의 결여를 암시하지만 실제로 그 이상의 많은 의미를 함축하고 있다."(전영우, 1999: 22) 특히 생태맹은 "천부적으로 물려받은 자연과 교감할 수 있는 우리의 정신적 능력 또는 자연과 우리 자신이 조화롭게 어울릴 수 있는 감성의 결핍"(전영우, 1999: 22)을 의미한다. 데이비드 올이 "우리가 살고 있는 세계에 대한 신비함, 오묘함, 풍성함을 느끼지 못하는 상태"(전영우, 1999: 22)를 생태맹이라고 지적하듯 생태맹은 지성보다 감성과 더 많은 연관성을 갖고 있다.

탁광일(1998)에 의하면 생태맹은 "자연으로부터 격리된 채 교실, 실험실, 도서관, 컴퓨터실에서 자연을 이해하기 위해 연구하고 노력하는 것"(탁광일, 1998: 18)을 의미하며, "북한산, 인왕산, 남산의 모습을 일 년 중 며칠밖에 볼 수 없게 만들어 놓고 요즘 사람들의 심성이 거칠어졌다느니 우리 선조들과 같은 정신이 사라졌다느니 운운하는 것"(탁광일, 1998: 19)을 의미한다. 그는 우리의 교육이 우리 내부 깊숙이 숨어 있는 이러한 감성을 자극하고 일깨워 주지 못하는 한 생태맹 상태를 벗어날 수 없다며, "생태맹 극복은 문맹이나 컴맹과 같이 단시일 내에 극복될 수 있는 것이 아니라 유년기부터 자연과의 접촉과 체험을 요구하므로 어릴 때부터 장기간의 교육적 노력이 필요하다"(탁광일, 1998: 19)고 주장한다.

2) 가는 숲

아이들은 숲으로 갔다. 숲에 가지 않고는 숲과 맞닥뜨릴 수가 없다. 연구에 참가한 모든 아이들은 숲에 갔던 기억을 가지고 있었고, 숲으로 간 시간적 배경, 공간적 배경, 동행자, 숲에 간 이유 등을 이야기해 주었다. 특히 연구에 참가한 아이들의 부모는 아이들과 숲에 함께 가거나 숲에 가게 된 동기를 제공하는 등 아이들이 숲에 가는 데 결정적인 역할을 했다. 각각의 이야기들은 아이들이 숲을 만나게 된 맥락과 조건 등 환경적 상황을 반영하고 있어서 숲을 통한 교육환경과 관련하여 시사점을 제공한다.

(1) 안에서 밖으로

아이들이 기억하고 있는 이야기의 배경이 되는 연령대는 '내가 아주 어렸을 때', '유치원 때', '1학년 때', '작년', '몇 달 전' 등으로 다양했다. 상민이는 몇 살 때였는지 알지 못하지만 아주 어렸을 때의 기억을 생각해 냈다. 지혜는 6살 때 책에서 보았던 숲의 모습이 직접 본 숲의 모습과 너무 달라서 놀랐던 당시의 느낌과 생각까지 비교적 상세히 이야기하기도 했다. 그런가 하면 최근에 숲에 다녀온 아이들도 있었다. 영주는 지난가을의 경험을, 혁이는 바로 며칠 전의 경험을 이야기했다.

아이들의 이야기를 통해 아이들이 기억하는 숲에 대한 경험의 시기가 매우 다양함을 알 수 있다. 특히 아이들은 숲을 인상 깊게 기억하는 경험에 대해 "유치원에 다닐 때"라고 대답하는 등 그들이 기억할 수 있는 한 가장 오래된 시기의 경험을 이야기하기도 했는데, 이점은 아이들이 이른 시기에 숲을 만나게 하는 교육적 시도의 필요성을 환기시켜 준다.

> 정확히는 모르지만 내가 아주 어렸을 적에 부모님과 친척분들과 함께 계곡을 찾아 숲 안을 걷고 있을 때(김상민, 고마운 나무).

> 내가 6살 때, 가족들과 함께 산으로 소풍을 간 적 있었다. 나는 산에 간다는 말에 기대에 잔뜩 부풀어 있었다. "드디어 산에 도착했다!" 나는 소리쳤다. 동화책처럼 산에 다람쥐랑 노루와 사슴을 보겠구나 기대를 하고 산을 오르기 시작했다. 무섭지만 호랑이도 보고 싶었다. 도토리를 주우면서 다람쥐를 불러 보았다. 그러나 토끼도, 노루도, 다람쥐도, 호랑이도 보이지 않았다(박지혜, 동화책 속의 숲과 다른 숲).

> 5학년 11월에 운동을 하기 위해 엄마, 아빠와 함께 도봉산에 갔는데 내 바로 옆에 다람쥐가 있어서 놀랐다(허혁, 도봉산에서).

아이들이 숲에 간 때는 일요일처럼 학원에 안 가는 날, 엄마와 아빠가 집에 있는 날, 여름방학 때 등이 많았다. 아이들은 학교도 가고 학원도 가야 하기 때문에 학년이 올라갈수록 숲에 갈 시간이 점점 없어진다고 했다. 지섭이의 경우 한 달에 한 번 정도 산에 간다고 했는데 다른 아이들에 비해서 잦은 편이다. 걸어갈 수 있을 정도로 산이 집과 가까이 있다는 것이 영향을 끼쳤을 것이다. 정기를 비롯한 몇몇 아이들은 학교도 가고 학원도 가야 하기 때문에 숲에 갈 시간이 점점 없어진다고 했다. 또한 "작년에는 4학년이었기 때문에 많이 놀 수 있었다"는 정은이의 말을 통해 학년이 올라갈수록 아이들이 숲에 갈 기회가 줄어드는 현실을 확인할 수 있었다.

> 이지섭: 일요일 날은요, 그날은 형도 학원을 안 가고요. 엄마나 아
> 빠도 할 일도 없고 집에 따분히 있지 않고 산에 가서 맑은
> 공기나 마시고 오자는 뜻에서 산에 갔어요.
> 연구자: 자주 가니?
> 이지섭: 한 달에 한 번 정도.
> 연구자: 멀어? 산이?
> 이지섭: 걸어갈 정도.
> (이지섭, 숲에 간 날)

> 지금은 언니도 저도 학원 때문에 어디를 잘 놀러 가지도 못해요.
> 그래서 옛날에는 학원도 안 가서 많이 놀러도 갔어요. 지금은 그런
> 기억이 잘 없어서……(허선우, 내가 어렸을 적엔).

> 네. 학원도 가고 그래 가지고, 시간도 없는데 만약에 숲에서 살면
> 만날 뛰어놀 수 있고 그럴 수 있을 것 같아요(박정기, 스카우트 여
> 름캠프).

> 내가 지금 말하는 일들은 모두 작년에 뉴질랜드로 유학을 갔다가
> 느낀 점이다. 작년에 나는 4학년이었기 때문에 많이 놀 수 있었다.
> 그래서 그 때문인지 놀러 가는 시간도 많아졌다(오정은, 나무에 대
> 한 나의 생각과 느낌의 변화).

아이들이 인상 깊게 기억하는 이야기 속의 숲은 다양하게 분포되
어 있었다. 외국의 국립공원에서부터 집 안의 베란다까지, 멀고 가까
운 다양한 숲이 이야기의 장소였다. 아이들에게 영향을 끼친 숲은 아
주 잘 가꾸어져 있거나 특별한 곳만은 아니었다. '크로아티아 국립공
원' 같은 외국의 숲도 있지만, 거주지나 친척집 인근의 숲인 경우가
많았다. 어떤 아이는 집 안의 화분 하나로도 숲을 느끼고, 또 어떤 아
이는 심지어 꿈에서도 숲을 만났다고 하였다.

현욱이와 정은이가 인상 깊게 기억하는 숲은 외국의 숲이다. 현욱이는 이탈리아에서 3년 정도 살다가 5개월 전쯤 귀국한 아이다. 귀국하기 전 가족들과 함께 마지막 여행지로 들렀던 크로아티아에서 국립공원으로 지정된 숲에 갔던 것을 인상 깊게 기억하고 있었다. 현욱이네 가족은 가족끼리 여행을 가면 대개 문화재를 찾는데 '크로아티아에서는 문화재보다 자연이 더 멋있다고 되어 있어서' 국립공원으로 갔다고 했다.

정은이는 뉴질랜드로 유학을 갔을 때 경험했던 숲 이야기를 들려주었다. 뉴질랜드에서 정은이는 'Tree Adventure'라는 특별한 프로그램에 참여하기도 했고, 뉴질랜드에서만 만날 수 있는 대자연과 마주하기도 했다.

> 제가 이태리에서 3년을 살다가 여기로 몇 달 전에 왔거든요. 그런데 이태리에서 오기 전에 마지막으로 크로아티아에 갔어요. 가서 국립공원에 갔는데요. 거기를 다 둘러보는 데만 4시간이 걸린다는 게 조금 놀랍고요(김현욱, 크로아티아 국립공원).

> 내가 지금 말하는 일들은 모두 작년에 뉴질랜드로 유학을 갔다가 느낀 점이다. 작년에 나는 4학년이었기 때문에 많이 놀 수 있었다 (오정은, 나무에 대한 나의 생각과 느낌의 변화).

선우, 지섭, 기훈 등 많은 아이들이 이야기한 숲은 걸어서 갈 수 있거나 조금만 차를 타고 가면 되는 거주지 주변의 산이었다. 아이들의 학교가 서울 도봉구에 위치해 있으므로 아이들이 사는 집에서 승용차로 10분 내외의 거리에 도봉산이나 수락산이 있는 경우가 대부분이다. 숲이 가까이에 있다는 것만으로도 아이들이 숲을 만날 기회는 '겸사겸사' 생긴다.

내가 어렸을 땐 마들역에 살았는데 거기엔 조금만 차를 타고 가면 수락산이 있다[허선우, 어렸을 적엔(수락산)].

부모님과 형과 함께 도봉산에 걸어서 갔다. 왜냐 하면 일요일 날에 맑은 공기나 마시러 가자는 것과 뭐 다른 것들도 포함해서 겸사겸사 도봉산에 갔다(이지섭, 숲에 간 날).

아빠와 엄마와 동생이랑 북한산에 갔다(김기훈, 매미와 개미).

아이들의 이야기 속의 숲에는 친지의 집 인근의 숲도 있었다. 또 아이들은 친척을 만나러 이동하는 동안에 숲을 거쳐 가기도 했다. 상민이나 찬이의 경우처럼 도시의 아이들에게는 '시골'에 사는 친지의 집에 가는 일은 숲을 경험하는 자연스러운 계기가 된다.

사촌동생 집에 갔는데, 그 옆에 조그마한 산이 있었는데, 거기 산책로였는데, 여름이어서 메뚜기하고 곤충들이 많이 있었어요(이상민, 곤충을 사랑하고 아끼자).

외할아버지가 산 공사를 하세요. 산 다듬고 이런 거 공사를 하시는데 멀리 계시니까 놀러도 갈 겸해서 항상 놀러 가는데 제일 기억에 남는 게 이 4학년 여름방학 때예요(김찬이, 강원도 산골의 숲 속에서).

집에서 가족들이 함께 키우며 크리스마스트리로도 사용하던 나무에 대한 연희의 이야기의 경우 야외의 숲이 아니라 집 안 베란다가 이야기의 공간적 배경이다. 또한 이야기 중에는 특이하게도 아이가 꿈에 본 산이 등장하기도 한다. 지원이는 심하게 감기를 앓던 날 꿈속에서 보았던 산이 도봉산이라고 했다. 엄마와 함께 도봉산에 가는 꿈을 꾼 후에 앓고 있던 감기가 나았다는 이야기였다.

유치원 때 우리 집에 나무가 하나 있었는데 그게 되게 컸어요. 그
래서 크리스마스 때 썼던 건데 갑자기 그게 없어지니까 매우 허전
했던 것 같고요(이연희, 생각해 보니).

연구자: 그 도봉산은 꿈에 본 산이지?
김지원: 예.
연구자: 그게 꿈에서도 도봉산이라는 게 느껴졌었어?
김지원: 그게요, ○○봉이라는 게 도봉산에 있어서 그런 거 같은데요.
(김지원, 맑은 공기 그리고 야생)

아이들은 '설악산', '청태산', '남이섬', '공주산성' 등 국내외의 유
명한 곳인 경우 지명을 분명하게 밝혔다. 그러나 '강원도의 산', '양양
의 시냇물이 흐르는 숲 속'같이 주변의 지명을 통해 기억하고 있는
경우도 있었고, '그냥 산이요', '이 주변의 산은 아니에요', '잘 모르겠
어요'라는 대답도 있었다.

3학년 때 가족끼리 설악산에 갔는데요(안서정, 불쌍한 다람쥐와 곤
충들).

그냥 숲. 기억이 잘 나지 않아요. 그냥 가족들이랑 같이 갔어요(박
정민, 숲의 자연과 아름다움).

양양인데. 양양의 시냇물 흐르는 숲 속……(김찬이, 강원도 산골의
숲 속에서).

한편 우연히 숲에 갔다거나, 숲의 가까운 곳에 살고 있어서 숲에
갔다는 이야기를 통해 숲이 '곳곳에', '많이', '가까이' 있을수록 아이
들이 숲을 접할 기회가 많아진다는 사실을 확인할 수 있다.

일부러 간 것이 아니라 지나가다가 우연히 들렀고 공주에서 산성

을 가니까 그 숲이 있어서……(조은영, 숲이나 수목원 그 외 다른 곳의 기억).

그냥 엄마 아빠가요, 선생님이신데 그때 주말에는 쉬어 가지고요. 거기 마들역에 살아 가지고 주공아파트에 살아 가지고요. 좀만 가 면 되어 가지고, 그때 할머니도 마들역에 계셔 가지고, 그때 혼자 계셔 가지고, 같이 산에 많이 가고 그랬어요(허선우, 어렸을 적엔).

아이들의 기억 속 숲은 매우 다양한 곳이었다. 즉, 숲이 얼마나 좋 고 유명한 곳이냐의 여부는 그 기억이 아이들에게 인상 깊게 자리하 느냐의 여부와는 그다지 관련이 없음을 알 수 있다. 오히려 아이들에 게 중요한 것은 그 숲이 어떤 숲이냐기보다는 숲을 만날 기회를 얼마 나 가질 수 있느냐이다. 가까운 곳에 나무 한 그루를 심어 주는 작은 배려가 아이들의 삶에서 오랫동안 영향을 끼칠 수도 있다는 점에 주 목할 필요가 있다.

(2) 함께

아이들이 기억하는 숲에 대한 경험에는 엄마, 아빠, 누나, 형, 쌍둥 이, 여동생 등 가족이 많이 등장했다. 특히 엄마와 아빠는 아이들이 숲에 갈 때 거의 빠지지 않고 등장할 정도로 아이들이 숲을 경험하는 데 중요한 역할을 담당하고 있었다.

제가요. 작년에 엄마랑 언니랑요. 산에 올라갔는데요. 차 타고 산에 올라갔는데요. 엄마가 잠시 밖에 나갔다 온다고 그러고요. 언니하 고 저하고 차에 있었는데요(오정은, 나무에 대한 나의 생각과 느낌 의 변화).

5학년 11월에 운동을 하기 위해 엄마, 아빠와 함께 도봉산에 갔는데……(허혁, 도봉산에서).

솔직히 그때 나하고 언니는 별로 산에 가고 싶지 않았다. 하지만 수락산에 가면 엄마, 아빠가 맛있는 것을 사 주신다[허선우, 어렸을 적엔 (수락산)].

11살 때 여름날 아빠와 엄마와 동생이랑 북한산에 갔다(김기훈, 매미와 개미).

연구자: 이야기의 등장인물은 누구니?
김지원: 엄마하고 동생하고 아빠요.
(지영주, 도봉산 가을 나들이)

나는 아빠와 산에 갔었다. 그때 나는 1학년이어서 멋모르고 아빠를 따라갔다(성민기, 수락산 갔을 때).

또한 할머니, 할아버지, 고모부, 외삼촌, 이모, 이모부, 사촌누나, 사촌동생 등 친지, 친척들이 많이 등장하는 것도 눈에 띈다. 친족관계와 숲이 연결된다는 점은 숲이 아이들의 생태적 환경을 풍성하게 해 줄 수 있다는 점을 시사한다. 아이들은 숲과의 만남을 계기로 더 넓은 관계망 속에 존재하는 자신을 발견하게 된다.

연구자: 이야기의 등장인물은 누구니?
김지원: 저랑요, 이모, 이모부, 사촌누난데, 작은누나, 큰누나가 있
        어요. 엄마 아빠랑, 제 쌍둥이요.
(김상민, 고마운 나무)

내가 12살 여름에 숲에 할아버지, 사촌동생과 함께 올라갔다(오예찬, 숲의 배드민턴장).

그때 할머니도 마들역에 계셔 가지고 그때 혼자 계셔 가지고 같이 산에 많이 가고 그랬어요(허선우, 어렸을 적엔).

제가 4학년 무렵 때 평창에 외삼촌이 사시는데 외삼촌을 따라가지고 평창을 간 적이 있습니다(이성환, 새콤달콤한 다래 맛).

아이들의 이야기에는 친구들도 자주 등장한다. 준원이와 정기는 친구들과 숲에서 보낸 경험이 우정을 깊게 하는 계기를 만들어 주었다고 했다. 현욱이는 숲에서 청설모 사냥이라는 공통의 관심사를 찾음으로써 친구의 마음을 움직일 수 있었던 경험을 기분 좋게 기억하고 있었다.

5학년 여름 때 4학년 애들이 신입으로 스카우트에 들어온 것을 기념하여 스카우트 대원들과 대장님과 함께 산으로 캠프를 갔다. 나는 원래 친구들과 함께 어디를 놀러 가거나 캠핑을 하는 것을 좋아하여 아주 신이 났다(박정기, 스카우트 여름 캠프).

친구와 자연캠프를 여행지로 1박 2일 캠프를 갔다. 자연캠프장 안에 들어가면서 산의 공기를 내쉬니 조금은 안정이 되었다. 나는 친구들과 산에서 자연캠프를 하니 정말 좋았다. 친구들과 더 친숙해지고 텐트 속에서도 정말 좋은 추억을 남기었다(최준원, 자연캠프).

처음에는 그냥 말해도 안 듣겠지 했는데 이번에는 '어, 청설모다. 같이 잡으러 가자'고 했더니 친구가 좋다고 하면서 같이 가 줬어요. (중략) 예전에는 같이 좀 가자고 그러면 막 귀찮다고 안 갔는데 이번에는 같이 가자고 하니까 같이 가 줬어요(강현욱, 청설모 사냥).

정기는 자신의 이야기에서 중요한 단어를 꼽아 달라고 하자 스카우트 대장 선생님이라고 했다. 이 연구에서는 교사에 대한 이야기가 단 한 차례만 등장하지만 교사는 학교에서 아이들과 많은 시간을 함께하며 교과활동이나 특별활동 등을 계획하고 실행할 수 있다는 점에서 아이들을 숲으로 인도하는 데 중요한 역할을 담당할 수 있다.

연구자: 이야기의 등장인물은 누구니?
김지원: 친구들하고 보장 형하고 대장 선생님이요.
(박정기, 스카우트 여름 캠프)

아이들은 가족과 함께 쉬러, 휴가를 가기 위해 숲으로 간다고 이야
기했다. 경치가 좋아서 구경하러 가족과 함께 소풍을 갔다는 아이도
있고, 민성이처럼 시원해서 숲으로 간 경우도 있다. 산림욕을 하러,
맑은 공기를 마시러, 운동하기 위해서 등도 아이들이 숲에 간 이유였
다. 가족과 함께 숲으로 등산, 소풍, 여행을 다녀온 경험은 아이들의
기억에 오랫동안 인상 깊게 남아 있었다.

오랜만에 간 거라서 가족끼리……아빠도 너무 요즘 야근을 좀 많
이 하셔서 놀러 갈 기회가 없어서……아빠가 이번에 일이 조금 없
으셔서 휴가를 내서 간 거라서……(엄아정, 자연휴양림).

여름이라고 덥다고 계곡을 가자고 했는데 외삼촌이 그쪽이 시원하
고 좋다고 그쪽으로 가자고 해서 갔던 기억이 나요(김민성, 내가
간 유일한 숲 대나무 숲).

산에 가서 맑은 공기나 마시고 오자는 뜻에서 산에 갔어요(이지섭,
숲에 간 날).

엄마, 아빠가 운동하자고 해서 따라간 거예요(허혁, 도봉산에서).

등산을 했는데 등산을 해 가지고 힘들게 올라갔지만 올라가서 건
강도 좋아진 것 같고……(이재성, 도봉산 등산).

한편 아이들에게 숲은 놀 수 있는 곳이었다. 상민이는 사촌동생하
고 놀아 주기 위해서 일부러 숲으로 갔다고 했고, 상현이는 숲은 축
구도 하고 곤충 채집도 하는 등 여러 가지를 하면서 놀 수 있는 '놀이

터' 같다고 했다. 다시 말해 아이들은 놀기 위해서 숲을 찾아갔다.

> 연구자: 사촌동생하고 놀아 주기 위해서 왜 숲으로 갔어?
> 이상민: 그 옆에요, 아파트가 아니어서. 왔다가 놀이터도 없어서요.
> 그냥 가까운 데, 거기가 쉴 수 있는 공간이라서 가서 놀아
> 줬어요.
> (이상민, 곤충을 아끼고 사랑하자)

> 거기 배드민턴장이 있어서 사촌동생이랑 거기서 놀고……(오예찬,
> 숲의 배드민턴장).

> 거기서 놀고, 곤충 관찰하면서 놀다가요. 놀다가 축구도 하고요. 또
> 밤에 심심해서 밖에서 할 게 없어서 그냥 나무 주변을 돌아다녔는
> 데, 개미 찾으려고. 그런데 아는 동생이 사슴벌레를 발견했다고 해
> 서 저도 한번 만져 보고 갖고 놀았는데……(이상현, 곤충 채집).

엄마나 아빠 등 가족의 동행이나 권유는 아이들이 숲에 가는 중요
한 이유가 된다. 선우처럼 가기 싫지만 엄마, 아빠가 내놓는 '달콤한
유혹' 때문에 갔다는 아이도 있고, 외삼촌댁이 있어서, 할머니가 또는
할아버지가 계셔서 등 가족과 함께 친척을 방문한 것이 계기가 되기
도 한다. 부모들은 아이들이 숲과 관계를 맺는 과정에서 긍정적인 영
향을 끼쳤다. 부모는 숲 속을 산책하거나 등산을 가거나 화분을 가꾸
는 등 아이들이 숲에서 다양한 경험을 할 수 있는 기회를 제공했다.
또한 부모 스스로가 비온 숲의 냄새를 맡는 등 숲에서 반응을 보여
줌으로써 아이들의 숲에서의 경험을 격려하고 의미 있게 한다.

> 솔직히 그때 나하고 언니는 별로 산에 가고 싶지 않았다. 하지만
> 수락산에 가면 엄마, 아빠가 맛있는 것을 사 주신다(허선우, 어렸을
> 적엔).

엄마가 거기에는 나무들도 높은 게 많아서 보기도 좋고 가을이라서 시원하기도 하대요(강현욱, 청설모 사냥).

목적은 없고, 아빠가 까치봉 같이 가자고 해서(김기훈, 매미와 개미).

거기 외삼촌댁이 있어 가지고요(이성환, 새콤달콤한 다래 맛).

거기에 사무실이 있는데 외할아버지가 일하시다가 좀 다치실 수도, 편찮으실 수도 있고 혼자 계셔서 방학이라도 찾아갈까 해서……(김찬이, 강원도 산골의 숲 속에서).

아이들이 인상 깊게 기억하는 경험 이야기 속에 엄마, 아빠가 있었고, 아이들을 숲으로 데리고 가는 것은 부모들이었다. 힘들다고 하는 아이를 '맛있는 것'으로 유인하고, 뒤에서 격려하고, 숲의 식물에 대해 이야기해 주며, 경치가 좋고 냄새가 좋다고 데려가고, 심지어 꿈에서 천식에 좋다고 산에 가자고 한 사람도 산신령이 아니라 부모였다.

내가 어렸을 땐 마들역에 살았는데 거기엔 조금만 차를 타고 가면 수락산이 있다. 솔직히 그때 나하고 언니는 별로 산에 가고 싶지 않았다. 하지만 수락산에 가면 엄마, 아빠가 맛있는 것을 사 주신다[허선우, 어렸을 적엔 (수락산)].

완주권에 번호가 쓰여 있었다. '73' 내가 이 번호가 무슨 번호냐고 묻자 엄마가 엄마 친구(회사 직원) 200명 중에 73등이라고 하셨다. 엄마는 74등이었다. 왜냐하면 엄마가 내 몸을 정상까지 뒤에서 끌고 갔기 때문이다. 산을 내려갈 때 나는 신나게 내려갔다. 그러자 엄마가 "씩씩대며 올라온 애 맞아?"라고 하셨다(박지영, 아빠 회사 뒷산에 가서).

그리고 꿈에서 경험한 일이다. 내가 환절기라 그런지 약한 천식에 걸렸었다. 그런데 엄마가 느닷없이 산에 가자고 그런 것이다. 나는 기침을 참으며 엄마 뒤꽁무니를 졸졸 따라다녔다. 그 불멸의 산 이

름은 바로 다름 아닌 도봉산! (김지원, 맑은 공기, 그리고 야생)

레이첼 카슨은 아이들이 숲을 경험하는 데에 특히 어른의 존재가 중요함을 강조하였다. 그녀에 따르면 숲은 아이와 어른이 함께 기쁨을 나누고 발견의 모험을 하는 곳이다. 그녀는 숲을 설명하거나 가르치려 들기보다는 우리의 모든 감각을 동원해서 숲과 사귀라고 권한다. 숲에 대한 지식을 쌓는 것은 어디까지나 그다음 일이며, 숲에 대한 풍부한 정서야말로 지식의 기초가 된다는 것이다. 이 연구에 참가한 아이들의 이야기는, 숲에서 아이들과 감정을 공유해 주는 부모의 존재 여부는 아이들의 성장에 영향을 끼친다는 레이첼 카슨의 주장을 분명하게 확인시켜 주었다.

아이들 이야기의 배경이 집안, 인근의 산, 휴양지, 외국 등 어느 곳이든 간에 가장 지배적인 영향을 미치는 것은 가족 구성원이었다. 34개의 이야기에서 아이 자신을 제외한 주요 등장인물은 가족 또는 친척, 친구, 동물들이었다. 부모들은 가족과 함께하는 시간, 가족 여행등을 숲에서 보냄으로써 아이들에게 숲에 대한 다양한 경험의 기회를 만들어 주었다. 또한 부모나 친구는 아이들이 경험한 것과 동일한 정서적 감정을 느낌으로써 가족 간의 사랑, 친구 간의 우정의 관계가더욱 발전되는 것을 알 수 있다. 특히 부모는 아이들이 숲과 소통할수 있도록 더 많은 기회를 제공할 수 있다는 점 등 부모가 아이와 숲과의 관계에 긍정적인 영향을 미친다는 사실은 중요하다. 부모는 가족 여행이나 간단한 나들이를 통해 아이들과 함께할 수 있는 기회를의식적으로 마련할 수 있다. 이러한 노력들을 통해 아이들은 자연과동화되는 경험을 갖기도 하고, 친척 등 주변에 자신들을 아껴 주는 사람들과 관계를 맺고 감정을 교류할 수 있게 된다. 페스탈로치는 교육의 본질은 사랑이기에 이 사랑의 화신인 어머니가 가장 훌륭한 교사일 수 있다고 하면서 아이들의 미래생활을 준비시키기 위하여 부모는 그들의 신체적·지적·도덕적 발달을 위해 준비해야 한다고 하였다(권정민, 1992). 가족이 점차 붕괴되고 있는 사회에서 가족이 함께할 수 있는, 특히 숲과 자연을 함께 경험할 수 있는 기회를 마련하는 것은 매우 중요하다. 부모가 아이들과 함께할 수 있는 프로그램도 더 많아져야 할 것이다.

3) 맞닥뜨리는 숲

짧은 순간의 강렬한 경험일수록 오랫동안 기억에 남을 수 있다. 숲에서 경험한 인상 깊은 순간에 대한 이야기도 그런 경우다. 워즈워스(Wordsworth)는 이런 명쾌한 순간을 '시간의 지점들'이라고 불렀다. 그는 "우리의 경험 속에는 눈에 띄는 탁월함을 지닌 시간의 지점들이 있으며, 그것들은 회복의 미덕을 계속 유지하고 있다. 특히 어린 시절에 많은 공명하는 시간의 지점들이 있다"(Wordsworth, 1850, Chawla, 2002: 200)고 하였다. 아이들의 이야기를 통해 확인한 숲에서 인상 깊은 순간은 바로 아이들이 결정적으로 숲과 맞닥뜨린 시간의 지점들이었다.

(1) 시간의 지점들
아이들이 이야기한 가장 인상 깊었던 한순간은 시각적으로 경험된 것이 많았다. 유현이는 그림에서만 보던 다람쥐를 처음 보았는데 다람쥐와 눈이 마주쳤던 순간을 잊을 수 없다고 했다. 다람쥐를 볼 때부터 산을 내려올 때까지 다람쥐 생각만 났다고 했다. 지연이는 숲에서 뱀을 보았던 순간을 강렬하게 기억하고 있었다. 그때의 감정에 대해 '모든 동물들이 산속에 살고 있구나'라고 생각하며 신기하면서 약간의 신비로움도 있었다'고 했다. 현욱이는 '다리 아래 물고기들이 지나갈 때'가 가장 인상 깊었다고 했다. 앞의 아이들의 경우 야생동물이 인상 깊었다면, 찬이처럼 곤충을 보았을 때를 인상 깊은 순간이라고 이야기한 아이들도 있다. 숲의 풍경도 아이들에게 깊은 인상을 주었다. 민기는 가을 산의 풍경을 본 순간을 인상 깊게 기억했다. 가을 산 중턱에 올랐을 때 펼쳐지는 풍경이 멋있었고 신비로웠다고 했다.

또한 '외삼촌께서 주신 다래를 먹을 때'처럼 미각적인 경험의 순간도 있었다. 성환이는 외삼촌이 따준 '다래의 달콤한 맛이 입에 있을 때'가 가장 인상 깊은 순간이라고 했다. '계곡에 떠내려갈 때 나무를 잡았을 때', '청솔모를 따라갈 때', '나무뿌리에 걸려 넘어질 뻔한 순간' 등 행위와 관련된 순간도 있었다. 상민이는 숲에서 위험했던 순간을 이야기했다. 가파른 길에서 발을 헛디뎌서 넘어지고, 계곡에서 물살에 떠내려갔던 아찔한 순간들이었다.

> 너무 신기했다. 다람쥐가 나무 위로 올라가서 아쉬웠다. 다음에도 꼭 보고 싶었다. 그리고 산에서 내려올 때까지 다람쥐만 생각났다 (김유현, 도봉산에서 다람쥐를 봤다).

> 좀 신기하고 무섭기도 했는데 여태까지 보지 못했던 동물을 보니까 다른 동물들에 비해 좀 더 신기했고 좀 더 무서운 거 같기도 하고 그렇게 징그러운 거 같지도 않고 그냥 신기했어요(권지연, 비발디파크에 있는 산).

연구자: 가장 인상 깊은 것은 뭐야?
김현욱: 되게 얕은 물 위에요. 다리가 꽤 높은 게 있었는데요. 거기
      아래 물고기들도 지나다니고 돌도 있고 풀도 있고 오리들
      도 지나다니고 그런 거요.
연구자: 그때 느꼈던 감정은?
김현욱: 비늘이요. 햇빛을 반사하는 게 멋있다고 생각했어요.
(김현욱, 크로아티아 국립공원)

제가 곤충을 처음 보면 되게 무서워하는데 무섭지 않고 그냥 귀엽
다고 느껴졌어요(김찬이, 강원도 산골의 숲 속에서).

산은 온통 신기한 것뿐이었다. 산에는 내가 못 보았던 풍경들이 많
았기 때문이다(성민기, 수락산 갔을 때).

연구자: 맛있었니? 맛이 어땠어?
이성환: 달콤하면서도 살짝 새콤한……
(이성환, 새콤달콤한 다래 맛)

실수로 발을 헛디뎌서 넘어졌거든요. 옆에 길이 가파른데요. 그런
데 그 옆에 미끈미끈한 나무가 있어서 잡고 올라왔어요. 그리고 계
곡에 도착했을 때요. 그땐 다섯 살 때인가 그랬는데요. 갑자기 물
살이 강해져서 떠내려갔는데요. 한참 떠내려가다가요. 죽은 나무,
아니 뿌리째 뽑힌 나무가 땅에 걸려 있는 거예요. 그래서 그거 잡
고 올라왔어요(김상민, 고마운 나무).

  모두 숲과 '맞닥뜨림의 순간'이었고, 오랫동안 아이들의 기억에 살
아 있는 의미 있고 중요한 순간, 빛나는 순간들이다. 아이들은 숲에서
숲과 맞닥뜨렸다. 경이로운 대자연과 맞닥뜨리기도 했고, 다람쥐의
죽음과 맞닥뜨리기도 했고, 진땀나는 낭떠러지와 맞닥뜨리기도 했다.
그리고 그 맞닥뜨림의 순간에 아이들은 특별한 시간, 특별한 공간, 특
별한 관계, 특별한 감각 등을 경험했다. 그 순간은 '나와 그것'으로서
가 아니라 '나와 너'로서의 강렬한 만남이 체험되는 순간이었고, 이런

의미 깊은 만남의 체험은 진정 보배로운 것이어서 그 순간이 지나도 여전히 생생히 살아 있는 영원이 된다(김영무, 1999).

(2) 네 개의 실존체

나는 아이들이 숲과 맞닥뜨린 경험을 발견하고 이해하는 데 매넌(Manen, 1990, 신경림 역, 1994)이 제시하는 본질적 주제 분석을 활용하였다. 매넌은 현상학의 본질적 주제들을 '경험에 관한 구조들'이라 했다. 그는 이러한 경험의 구조들을 본질적 주제 분석을 통해 밝혀내는 반성 과정의 길잡이로 네 개의 실존체(four fundamental existentials), 즉 신체성(lived body, corporeality), 공간성(lived space, spatiality), 시간성(lived time, temporality), 관계성(lived human relation, relationality)을 제시하고 있다.

경험된 시간(lived time)은 시계가 나타내는 시간이나 객관적 시간이 아닌 주관적 시간(subjective time)을 의미한다. 마치 내가 좋아하는 상황에서는 시간이 천천히 가는 것 같은 느낌과 같은 것을 의미한다. 많은 사상가들은 체험이 무엇보다도 시간적 구조를 갖고 있다는 데 주목했다. 다시 말해 체험은 직접적인 현현에서는 결코 포착할 수 없고 지나간 현존으로서 단지 반성적으로만 포착할 수 있다는 점에 주목했다(Manen, 1990, 신경림 역, 1994).

아이들에게 경험된 숲의 시간성은 '시간의 확장', '시간의 단축', '낮과 밤의 차이', '봄, 여름, 가을, 겨울의 차이' 등을 포함한다. 아이들은 숲에서 속도가 조절되는 것을 경험하기도 했고, 숲에서 느림의 미덕을 몸소 체험하기도 했다. 즉, 낭떠러지가 있는 숲길을 내려가며 실제로는 1분여밖에 안 되는 짧은 시간이 1시간이나 되는 것처럼 길게 느껴지기도 하고, 밤낮이나 계절 등 시간의 흐름에 따른 변화가 심리적이거나 감각적인 상태와 연결되는 경험을 하였다.

예빈이에게 숲은 아찔하게 무서운 곳이다. 예빈이는 산을 오르다가 길을 잘못 들어서 절벽 아래로 떨어질 뻔했던 기억을 이야기하면서 그 무서웠던 순간을 '1분과 1시간'의 비유를 통해 실감나게 표현했다. 한편 예빈이는 자신의 이야기에서 강조하고 싶은 단어로 '절벽'과 '안전'을 꼽았다. 숲은 1분이 1시간처럼 느껴질 만큼 위험한 순간들을 통해 인간이 자연에 대한 경외감을 느끼게 하며, 인간들은 이러한 순간을 경험하면서 자연에 대해 겸손해진다.

> 연구자: 바로 그 순간에 이름을 붙인다면?
> 전예빈: 1시간이요.
> 연구자: 왜?
> 전예빈: 내려가는 데 10분이나 1분 정도밖에 걸리지 않았는데 1시간처럼 느껴졌기 때문에요.
> 연구자: 이야기에서 꼭 강조하고 싶은 단어를 골라 줄래?
> 전예빈: 절벽이요.
> 연구자: 한 가지를 더 고른다면?
> 전예빈: 안전이요.
> (전예빈, 금학산)

아이들은 숲에서 속도가 조절되는 것을 경험했다. 시영이는 숲에서 느림의 미덕을 몸소 체험했다. "숲은 빠름에 대한 전도된 가치관을 바로잡을 수 있는 훌륭한 수단이다."(전영우 외, 1999: 116) 또한 숲에서 시영이의 시간은 몸으로 체험하는 느낌으로 구분된다. 시영이는 "산이 낮과 밤에 성격이 달라지는 것을 느꼈다"고 했다. 밤은 불안하고 빠르며, 낮은 편안하고 느리다. 또한 봄·여름·가을·겨울 등

계절은 다 각기 자기만의 공기와 냄새가 있어서, 따뜻하고 차가운 공기의 온도로 구별되기도 하는 동시에 양파 같은 냄새, 얼음 같은 냄새 등으로 구별되기도 한다.

> 최시영: 만약 사람이 느긋하게 변하면 게을러진다고 생각하기가
> 쉬운데요. 느긋하게 변할 때는 그러니까 나중에는 마음이
> 편해지고 짜증내는 마음도 없어지니까. 게을러지지 않을
> 정도로. 딱 그 정도로만.
> 연구자: 숲에 가면 느긋해지는 것, 느려지는 거야? 그런데 그게 나
> 쁜 것이 아니고……?
> 최시영: 예. 좋은 방향으로…….
> (최시영, 산은 사람을 변화시킨다, 어떻게?)

> 낮에는 되게 편안한데요. 밤에는요, 모든 게 다 불안해지고 빨라져
> 요. 되게(최시영, 산은 사람을 변화시킨다, 어떻게?).

> 봄에는 따뜻한 공기와 동시에 어떤 냄새가 난다. 그리고 여름도,
> 가을도, 겨울도 다 각기 자기만의 공기와 냄새가 있다. (중략) 예를
> 들어서 겨울에는 양파 같은 냄새랑 수돗물이나 얼음 냄새가 난다
> (최시영, 산은 사람을 변화시킨다, 어떻게?).

'경험된 공간(lived space)' 개념은 주관적으로 느끼는 공간 개념으로, 갑자기 큰 빌딩에 들어갔을 때 나 자신이 작게 느껴진다거나, 바쁜 도시, 낯선 거리를 걸을 때 느낄 수 있는 '길을 잃은 것 같은 느낌(lostness)', '이방인이 된 느낌(strangerness)'처럼 어떤 공간, 상황에서 내가 자신에 대해 발견하게 되는 공간적인 느낌을 의미한다(Manen, 1990, 신경림 역, 1994). 연구에 참여한 아이들이 숲에서 경험한 공간성은 '뭔가 들어오거나 나가는 느낌', '들뜨면서도 차분해지는 느낌', '부자가 된 느낌', '왕이 된 기분', '시원하고 탁 트이는 느낌' 등을 포

함한다.

　시영이는 숲에 들어섰을 때의 느낌을 '뭔가 빠져나가거나 들어오는 것 같은 느낌'이라고 표현했다. 이야기를 글로 쓰라고 했을 때 시영이 스스로 그 '뭔가'가 '에너지'라고 밝혔다. 숲에서 사람들이 '변화'한다고 하였다. 숲은 사람의 감정을 조절하게 한다는 것이 시영이의 주장이다. 나는 그 '변화'라는 단어를 들었을 때 정신이 번쩍 들었다. 인간의 '변화'야말로 교육의 전제조건이자 교육의 목적이며, 내가 본 연구를 통해 이해하고자 하는 중심 현상이기 때문이다.

> 최시영: 딱 들어섰을 때 있잖아요. 딱 들어섰을 때 뭐가 빠져나가
> 　　　　거나 들어오는 것 같은 느낌이 들어요.
> 연구자: 항상 그래?
> 최시영: 네.
> (최시영, 산은 사람을 변화시킨다, 어떻게?)

　선우는 들뜨면서도, 마음이 차분해지고 힘든 것도 잊어버리게 하는, 말로는 표현할 수 없는 기분을 이야기했다. "산 정상의 풍경은 정말 예술이다. 그것 또한 산에 오는 이유이다. 그 기분은 말로는 표현할 수 없는 들뜨면서도, 마음이 차분해지고 힘든 것도 잊어버리는 그 기분은 잊지 못할 기억이다." 선우는 숲은 우리가 평상시에 느낄 수 없는 감정을 가지게 해 준다면서, 그때의 감정을 잊을 수 없다고 했다. 선우는 그 순간의 이름을 '신비의 그림'이라고 붙였다. 말로는 다 표현하기 어렵다며 그림으로 그 기분을 그려 주었다.

> 허선우: 아, 그거는요, 그때 올라갈 때 힘들었는데요. 그때 막 올라
> 　　　　가서 그림, 아니 풍경을 보면요, 바람도 시원하고 탁 트인

다고 할까, 마음이…… 그래서 참 좋았어요.

연구자: 그때의 느낌을 조금 더 자세히 얘기해 줄래?

허선우: 그림이라고 그걸 그리면요, 미술관에 가면 지루한데 느낌
을 그림으로 그리면 되게 신기하고 재미있을 것 같아요.

연구자: 느낌을 한번 그림으로 그려 볼래?

허선우: 그냥 그걸 딱 배경으로 그리고, 그걸 똑같이 사진으로 찍
어가지고 보면요, 바람이 나오고 선풍기 달아가지고 바람
나오게 하면 좀 비슷할 것 같은데. 선풍기 달아서 딱 들어
가면 센서 있어서 발 맞추면 선풍기가 막 돌아가서……

[허선우, 어렸을 적엔(수락산)]

혁이에게 숲은 '쌓였던 스트레스가 다 풀리고 그런 것 같은' 체험
을 하는 공간으로서 기억된다. 정상에 섰을 때 '사람들이 위에서 올
려다봐서 높은 사람이 된 것 같았'고, '주인이 된 기분', '부자가 된 기
분'이 들고, '다른 때보다 보람 있게 느껴졌다.' 그 감정은 혁이의 "기
뻤죠"라는 말에 함축되었다. 또한 찬이는 '왕이 된 기분'으로 그 기쁨
을 표현했다. '너무 작고 초라해' 보이는 '나'에서 '온 세상이 다 환해'
보이고, '왕이 된 기분'을 느끼게 되는 변화의 경험이 숲이라는 공간에
서 이루어지고, 그 경험은 오랫동안 찬이의 기억 속에서 살아 있었다.

내가 주인이 된 기분. 이 산의…… 기뻤죠. 부자가 된 기분…… 한
번 가 보니까 높으니까 사람들이 위에서 올려다봐서 높은 사람이
된 것 같았어요(허혁, 도봉산에서).

숲에 가기 전에는요. 내가 너무 작고 초라해 보였는데요. 숲에 가
니까요, 왕이 된 기분 있잖아요. 숲이 넓으니까 시원하게 뚫리면서
온 세상이 다 환해 보이고……(김찬이, 강원도 산골의 숲 속에서).

경험적 관계(lives relation to others)는 타자(others)와 공유하는 대인적

공간(interpersonal space)에서 타자들과 유지하는 체험적 관계로서 누군가와 악수를 한다거나, 어떤 감동을 받는 것 등 실제적인 상호작용을 포함하는 개념이다(Manen, 1990, 신경림 역, 1994). 아이들의 이야기에서 경험된 관계성은 '심리적 거리'로 구분하였다. 본 연구에 참가한 아이들이 경험한 관계성을 살펴보면, 대부분 힘든 일을 함께 겪으며 우정이 돈독해지거나, 엄마의 헌신적인 사랑을 느끼거나, 정겨운 가족 간의 추억을 만들거나, 약자에 대해 배려하는 마음이 생기는 등 타인과 심리적 거리가 가까워진 것을 알 수 있다.[21]

숲에서는 인간으로서 어찌하지 못할 너무 큰 대상과 맞닥뜨리기도 한다. 알지 못하는 세상, 경험해 보지 못한 세상과의 만남은 두렵다. 그 두려움과 맞설 수 있는 것은 함께 있는 동료들이었다. 친구들이었다. 정기는 자기와 같은 두려움, 자기와 같은 안도감, 자기와 같은 수치심의 비밀을 나눈 친구들이 고마웠을 것이다. 함께 "오, 오, 오" 하면서 무서워하면서도 텐트가 막아 주고 있음에, 함께 떨고 있는 친구가 있음에 안도했을 것이다. 숲에서 느낀 무서움, 공포의 감정은 친구들 사이의 비밀을 만들고, 비밀을 공유한 친구들은 서로가 소중하다는 것을 새삼 깨닫게 된다.

> 밤에 자려고 하는데, 엄청 추웠고요. 침낭을 가지고 자려고 하는데 텐트 밖에서 엄청 큰 모기 그림자가 있어서 저하고 친구들하고 물릴까 봐 무서워했고요(박정기, 스카우트 여름 캠프).

---

21) 심리적 거리가 멀어진 예도 한 가지 있었다. 언니와 함께 곤충을 잡다가 검은색 큰 나비를 잡았는데 놓쳐서 언니한테 구박받았던 이야기다. 뭐든지 잘하는 언니, 한 가지에 관심을 가지면 몰입하는 언니와 얽힌 기억인데 많이 속이 상했던 모양이다. 그 이후로 '더 열심히 살아서 언니처럼 되자', '언니보다 더 잘돼서 보란듯이 살자'는 결심을 하게 되었다는 이야기이다.

직장생활을 하느라 지영이와 놀아 줄 시간이 적은 지영이 엄마는 얼마 전에 지영이를 데리고 회사 행사에 참석했다. 등산 대회에 가기 싫어하고 짜증 내는 지영이를 정상까지 끌고 가는 것이 지영이 엄마에게 쉬운 일은 아니었다. 결국 지영이는 대회에서 73등을 했고, 엄마는 74등을 했다. 엄마의 번호 '74'는 다름 아닌 지영이에 대한 엄마의 사랑을 대변하는 숫자였다. 숲에서 지영이는 엄마의 사랑을 확인했고, 그날 이후 지영이에게 작은 변화가 생겼다. 엄마는 왜 고생만 하는 산에 가는지 모르겠다며 불만스러워하던 지영이가 요즘에는 주말마다 엄마랑 같이 산에 가고 싶어졌다고 했다.

> 엄마 친구가 완주권을 줬다. 완주권에 번호가 쓰여 있었다. '73'. 내가 이 번호가 무슨 번호냐고 묻자 엄마가 엄마 친구(회사 직원) 200명 중 73등이라고 하셨다. 엄마는 74등이었다. 왜냐하면 엄마가 내 몸을 정상까지 뒤에서 끌고 갔기 때문이다(박지영, 아빠 회사 뒷산에 가서).

집 안 화분에 심겨 있던 나무 한 그루가 연희의 기억 속에 남아 있다. 가족과 함께 놀았던 즐거운 추억의 중심에 한 그루의 나무가 있다. 연희는 그 나무가 만들어 준 추억의 소중함을 이야기했다. "나무가요, 그냥 조그마한 한 개……숲에서는 여러 가지잖아요. 그런데 그 중에 한 개라도 그렇게 소중한 추억을 만들 수 있었으니까 그게 더 많으면 더 좋은 추억이 있지 않을까 그런……" 생각을 했다고 했다. 나무 한 그루로 만들어진 가족 간의 행복한 추억은 언제든지 끄집어 내어 가족의 사랑을 확인할 수 있도록 할 것이다. 연희에게 나무는 없지만 추억은 남아 있다.

내가 유치원 정도쯤에 우리 집에 나무가 있었다. 꽤나 그 나무는 컸었다(내가 유치원 때니까 작아서일지도 모르지만). 그래서 매년 크리스마스 때마다 식구들과 그 나무에 장식을 했다. 그리고 아빠와 함께 시든 잎을 잘라 주었다. 그런데 언제인지는 모르겠지만 그 나무가 죽었다. 그 이후로 참 허전했던 것 같다. 크리스마스 때 항상 생각났는데……(이연희, 생각해보니).

경험된 신체성(lived body)은 우리가 언제나 세계 속에 신체적으로 존재한다는 현상학적 사실을 가리킨다(Manen, 1990, 신경림 역, 1994). 본 연구에서는 아이들 쪽에서 경험된 신체성에 주목하였는데, 아이들이 시각, 청각, 미각, 후각, 촉각 등 오감을 통해 숲과 맞닥뜨린 것을 확인할 수 있었다.

많은 아이들은 숲과 맞닥뜨림을 시각적 감각을 통해 체험했다고 이야기한다. 유현이는 8살 때 다람쥐와 눈이 마주쳤던 아주 잠깐 동안의 인상을 오랫동안 잊지 못했다. 산에서 내려올 때까지뿐만 아니라 숲에 대해서 이야기해 달라는 주문에 그 기억을 떠올릴 정도로 다람쥐와 눈이 마주쳤던 순간은 유현이에게 특별했다.

그때 처음 그림에서만 보던 다람쥐를 봤다. 너무 신기했다. 다람쥐가 나무 위로 올라가서 아쉬웠다. 다음에도 꼭 보고 싶었다. 그리고 산에서 내려올 때까지 다람쥐만 생각났다(김유현, 도봉산에서 다람쥐를 봤다).

숲에서는 소리가 난다. 숲의 소리는 숲에서만 들을 수 있다. 그래서 숲의 소리는 아이들에게 그들이 지금 어디에 와 있는지를 알려 주기에 충분하다. 선우가 숲으로 가는 이유는 집에서는 할 수 없는 재미있는 일이 많기 때문이다. 그 재미있는 일 중의 하나는 하늘을 보고 누워 숲의 소리에 귀를 기울이며 잠이 드는 일이다. 선우에게 숲에서 들리던 '시끄러운 매미 소리'는 편안하게 잠들게 하는 자장가에 다름 아니었을 것이다. 레이첼 카슨은 귀로 듣는 것은 각별한 기쁨의 원천이 될 수 있다며, "갖가지 소리에 귀 기울이고 그것에 대해 이야기하는 시간을 가져 보자. 아이들은 점점 더 다양한 소리를 아주 정확하게 구별하고, 거기에서 기쁨을 느낄 것이다. 그 어떤 소리라도 좋다. 천둥, 바람, 물결, 개울……"(Carson, 표정훈 역, 2002: 76)이라며 아이들에게 자연의 소리에 귀를 기울여 볼 수 있는 기회를 제공해 줄 것을 권유한다.

> 산에 가는 마지막 이유는 산에는 집에서는 할 수 없는 재미있는 일이 많다. 더운 날에 산에서 내려와 '졸졸졸' 소리 나는 계곡에 돗자리 깔고 누워서 하늘을 올려다보면 정말 시원하다. 그때 하늘의 모습은 나뭇잎 뒤에 숨은 파란 하늘이 정말 좋았다. 시끄러운 매미소리도 점점 안 들린다. 난 매일 그렇게 잠이 든다[허선우, 어렸을 적엔(수락산)].

성환이에게 숲에 대한 기억은 무엇보다도 외삼촌이 숲에서 따 준 달콤새콤한 다래 맛과 함께 떠오른다. 이 맛의 기억은 자연의 소중함으로 연결된다. 성환이는 숲을 '어머니'에 비유했다. '우리에게 모든 것을 제공해 주기 때문'이란다.

> 제가 4학년 무렵 때 평창에 외삼촌이 사시는데 외삼촌을 따라 평창을 간 적이 있습니다. (중략) 가리왕산을 등산한 적이 있는데 그 가리왕산에서 다래나무가 있기에 다래나무를 한 번 봐서 그때 열매가 열려 있어서 한번 먹어 봤습니다. 그런데 제가 골라서 먹었을 때는 시큼하고 좀 맛이 안 좋았습니다. 그래서 다래나무에 대해서 조금 안

좋게 인식을 하고 있었는데 외삼촌이 다래 하나를 따가지고 저한테 줬습니다. 제가 그걸 먹어 보니까 매우 달콤했습니다. 그래서 자연에 있는 모든 것들이 소중하다는 생각을 하게 됐습니다(이성환, 새콤달콤한 다래 맛).

선우에게 숲의 매력은 비가 온 후 숲의 냄새다. 비 온 숲에서 나던 소나무 냄새를 선우는 오랫동안 기억하고 있었다. 비 온 후에 광릉수목원 숲길을 걸으면 냄새가 좋다는 엄마의 말이 계기가 되었다.

숲은 되게 좀 끌리는 것 같아요. 올라갈 때도 냄새도 좋고. 비 오고 난 뒤에요. 그때는 막 소나무 냄새 그런 게 되게 좋고요. (중략) 아, 그리고 광릉수목원은요, 이 집 전에 의정부에 살았는데요, 거기서 가족들하고 친척들하고 차 타고 광릉수목원 많이 갔는데요. 거기서 엄마가 비 온 다음에 가면 거기도 냄새 좋고요, 그리고 산책하기도 좋아지고요[허선우, 어렸을 적엔(수락산)].

상현이는 처음에는 곤충을 손에 올려놓기도 힘들었다. 그러나 일단 손에 곤충을 올려놓는 그 순간, 상현이와 사슴벌레의 관계는 변했다. 일단 손의 감촉을 느낀 이후로 아이와 자연의 관계는 달라졌고 그 상태는 오랫동안 지속된다. 상현이는, 그 순간의 경험이 없었다면 사슴벌레 다리가 계속 따갑다고 생각하고 있었을 거라고 믿고 있었다. 상현이와 곤충과의 관계의 변화는 곤충을 손에 올려놓고 촉감을 느낀 짧은 한순간에서 시작되었다.

나는 처음에는 사슴벌레, 장수풍뎅이 같은 것을 손에 못 올려놨었다. 근데 그때 아는 동생이 한번 만져 보라고 해서 손에 올려놨다. 근데 내가 사슴벌레를 못 올려놓은 이유가 다리 때문에 따가울 것 같았는데 의외로 간지러웠다. 그래서 나도 찾으려고 찾아봤는데 없었다. 나는 그 뒤로 곤충이 좀 더 좋아진 것 같다(이상현, 곤충 채집).

4) 감정의 숲

레이첼 카슨에 따르면 아이들이 숲에서 느끼는 놀라움, 경이로움의 감정[22]은 '아이들에게 부여된 신의 선물'이다(Carson, 표정훈 역, 2002). 아이들은 숲과 맞닥뜨려 숲에서 느낀 감정을 이야기했으며, 나는 이 감정이 아이들의 경험을 이해하는 데 중요하다는 사실을 발견했다. 그 감정은 숲에서 경험을 빛나고 특별하게 하였으며, 인상적으로 오랫동안 기억하게 하였다. 결국 그 감정은 아이들을 변화시키는 '배움의 씨앗'이 되었다.

아이들은 숲에서 경험한 인상 깊은 순간에 나름대로 특별한 감정을 느꼈으며, 이 감정들은 아이들의 숲 경험의 의미를 이해하는 데 도움이 되었다. 정민이는 놀다가 문득 바라본 산의 아름다움에 한참 동안 계속 그 산들을 바라보고 있었다고 했고, '감동적'이라는 단어를 여러 번 강조했다.

> 숲에 갔더니 여러 가지 산들과 나무들이 겹쳐져 있고, 갔을 때가 거의 가을쯤이었는데요, 갔는데 막 산도 여러 개가 겹쳐져 있고 아름답기도 하면서도 산은 그냥 평범하고 그냥 겹쳐져 있는 줄만 알았더니 이렇게 색깔도 아름답고 신기하다는 걸 느꼈어요. 많이 감동적이었어요(박정민, 숲의 자연과 아름다움).

---

22) 감정(emotion)은 대체로 기분(mood)보다 강도가 세고, 지속 시간이 짧고, 그러한 감정을 느끼게 된 촉발사건을 기억할 수 있는 경우가 많다(도승이, 2008). 라틴어로 'emotion'의 'e'는 '밖으로'란 뜻이고 'movere'은 '움직이다'라는 뜻이다. 유기체가 환경의 자극을 받아 밖으로 움직인다는 뜻이 내포되어 있다(김경희, 1996).

아이들은 숲에서 경험한 인상 깊은 순간에 '불쌍했다', '안타까웠다' 등 연민의 감정을 느꼈다. 서정이는 다람쥐가 돌 구석 사이에 죽은 것을 본 순간이 가장 인상 깊었다고 했다. 서정이의 이야기에는 다람쥐에 대한 연민의 감정이 진하게 묻어난다. 기훈이도 인터뷰를 하면서 가장 인상 깊었던 순간 느낀 감정을 묻자 동물에 대한 감정이입과 함께 강한 연민을 느꼈다고 했다.

> 너무 슬프고, 죽은 다람쥐가 불쌍하다. 그리고 그런 다람쥐를 봐도 지나쳐 가는 사람들을 보면서 정말 매정하고 나쁘다고 느꼈다(안서정, 불쌍한 다람쥐와 곤충들).
>
> 연구자: 뭔가 죽어 있는 것을 본 게 그때가 처음이었니?
> 김기훈: 아니요.
> 연구자: 그런데 매미가 그렇게 불쌍했어?
> 김기훈: 예. 짝짓기도 못 했을 텐데…… 그냥 죽었어요.
> 연구자: 평소에도 불쌍하거나 그런 마음 드는 것들이 있었니?
> 김기훈: 냇물가에 가면 물고기들 많잖아요. 거기서 죽은 물고기들 몇 마리 있었거든요. 그런 물고기들도 불쌍하고요.
> (김기훈, 매미와 개미)

실망의 감정도 있었다. 지혜는 6살 때 동화책에서 본 동물들을 숲에서 만날 수 있을 거라고 잔뜩 기대하고 갔던 숲에서 실망스러운 감정이 들었다고 했다.

> 그러니까 좀 실망스럽기도 하고 그리고 또 낯설기도 하고……(박지혜, 동화책 속의 숲과 다른 숲).

'신기했다', '신비로웠다', '마음이 쿵쾅거리고 흥분됐다', '설렜다', '무섭고 신기했다' 등 신기함의 감정도 있다. 은영이는 '다람쥐가 먹이를 먹는 그 모습'이 가장 인상 깊었다며 그 순간 "마음이 쿵쾅거리고 신기하였다. 새로운 무언가 보니까 조금은 흥분되었다"고도 했다. 정은이는 차를 타고 산에 올라갔다가 새들이 차 옆에 있어서 차 문을 열지 못했던 순간을 인상 깊게 기억하고 있었다.

> 처음 보는 것을 제가 봤고요. 되게 신기하기도 하고…… 그런데 그게요, 다른 가족들도 봤으면 그런데 저 혼자 봤으니까요, 왠지 좀 더 뭐가 있는 것 같아요(조은영, 숲이나 수목원 그 외 다른 곳의 기억).

> 차 타고 산에 올라갔는데요. 엄마가 잠시 밖에 나갔다 온다고 그러고요, 언니하고 저하고 차에 있었는데요. 밖에 못 보던 새들이 바로 옆에 있는 거예요. 그런데 무서워가지고 못 내리다가 계속 엄마를 불렀는데 엄마가 못 들으시는 거예요. 그래서 나가 보려고 언니랑 차 열었는데 바로 옆에 있어가지고 너무 무서운 거예요. 그래서 계속 창문만 열고요. 계속 관찰하다가 막 소리도 지르고 이랬는데요(오정은, 나무에 대한 나의 생각과 느낌의 변화).

'상쾌했다', '즐거웠다', '재미있었다', '기분이 좋아졌다', '편안했다', '기뻤다' 등 상쾌함의 감정도 이야기했다. 혁이는 처음으로 도봉산 정상에 올라가서 '정상에 첫발을 내딛는 순간'을 이야기하며 그때의 감정은 마치 산의 주인이 된 기분이었고, 부자가 된 기분이었다고 했다. 아이들에게는 숲에서 친구들과 즐겁게 놀던 모습도 한순간의 기억으로 남아 있었다. '친구들과 얘기하면서 숲 속에서 놀이도 하고 그럴 때'가 준원이에게는 가장 인상 깊은 순간이다. 설레고 기분이 좋아졌던 순간이었다. 아이들은 그 순간에 감사의 감정도 느꼈다. 8살 때 축농증을 앓고 있던 민성이는 대나무 숲에 처음으로 발을 디딘 순간 숨을 쉬기 편해서 꼭 집 같은 느낌이 들었다고 했다.

대나무 숲에 왜 갔는지 모르지만 그때의 기분은 참 좋았다. 처음으로
숨을 제대로 쉰 것 같은 느낌이란! (김민성, 내가 간 유일한 숲 대나
무 숲)

　레이첼 카슨은 "사실(에 대한 앎)이 나중에 지식과 지혜로 성장하
는 씨앗이라면, 감정과 감동은 그 씨앗을 길러 내는 토양이며, 어린
시절은 이러한 토양을 준비하는 시간이다. 일단 한 번 아름다움, 새롭
고 미지의 것에 대한 흥분, 동정심과 애처로움과 사랑스러움 등의 느
낌이 일어나면, 그 아이는 감정을 느낀 그 대상에 대해 알고 싶어진
다. 그렇게 해서 알게 되면 그 앎은 평생을 간다"(이재영, 2008: 96 –
97)는 점을 지적하면서 어린 시절 숲에 대한 경험의 중요성을 강조하
였다. 특히 레이첼 카슨은 자연에 대해 놀라워하는 감정이라는 주제
를 무척이나 중시했다. 그런 감정이 평생 유지될 수 있는지 여부가
어린 시절에 판가름 난다고 믿었다. 어른과 아이들이 자연에 대한 감
수성을 풍부하게 기를 수 있기를 바랐고, 만일 그렇게 된다면 어른과
아이들이 생명 세계를 위협하는 행동을 줄일 수 있으리라 믿었다. 레
이첼 카슨은 착한 요정이 있다면 그들에게 이렇게 부탁하고 싶다고
했다. "세상의 모든 어린이들이 지닌 자연에 대한 경이의 감정이 언
제까지라도 계속되게 해 주소서."(Carson, 표정훈 역, 2002)[23]

　캘럿도 어린 시절은 토양을 준비하는 시기라는 데 동의한다. 즉,
새로운 것에 대해 아름다움, 기쁨, 공감, 동정, 사랑, 감사의 감정 등
감정이 한 번 일어나기 시작하면 우리는 그 감정을 일으킨 사물에 대

---

23) 베버(Weber)는 우리 내면에 단단히 뿌리내리고 있어야 할 자연에 대한 동경을 잃고 나면 누구도 예측하
　　지 못할 치명적인 결과가 초래될 수 있다고 경고한다. 느낌의 상실이 인간 본질의 근본 구조를 무너뜨리
　　며 인간 자체를 송두리째 뒤흔들 수 있다는 것이다. 그는 2020년이면 심장 및 혈액순환 장애와 더불어
　　우울증이 전 세계에서 가장 심각한 질환으로 부상할 수 있다는 하버드대 심리학자들의 연구를 소개하고
　　있는데, 이 심리학자들은 이러한 질병의 가장 큰 원인으로 자연으로부터의 소외를 꼽았다.(Weber, 2008).

해 알고 싶어지며 그것이 충족되면 그 앎은 영원히 지속되므로, 자신의 것으로 흡수할 준비도 안 된 사실들로 짜인 식사를 억지로 먹이는 것보다는 아이가 걸어갈 앎의 길을 탄탄히 닦아 주는 것이 더 중요하다는 것이다. 그는 아이들의 자연에 대한 경험은 호기심, 만족, 기쁨, 도전, 두려움, 염려 등과 같은 광범위한 감정의 복합체로 둘러싸여 있어서, 기쁨, 열정 등을 유발하기도 하지만 불확실성, 위험, 공포 등의 감정을 유발하며, 이러한 모든 감정들은 학습에 대한 강력한 자극제가 된다고 하였다. 또한 그는 '자연 세계는 아이들에게 자극의 절대적 원천이며, 이러한 감정적 반응의 다양성을 유발하는 자연의 독특한 조건과 특성은 복제 불가능한 것'이라고 주장한다(Kellert, 2002).

또한, 아이오지(Iozzi)는 교수학습 과정에 있어 정의적 영역이 인지적 영역보다 빨리 작동한다는 많은 증거가 있다고 주장하였으며, 콥(Cobb)은 자연체험 과정에서 느끼게 되는 경이감, 놀라움, 독특함, 다양함과 같은 느낌은 '뭔가 더 있다'라는 감각을 갖게 하고 이러한 감각은 '이미 알려진 것과 미지의 것'에 대한 '지각적 참여의 힘(the power of perceptual participation)'을 키우게 된다고 하였다(이재영, 2008에서 재인용). 이렇게 볼 때, 아이들이 세계와 접촉하는 과정이 감정에 의존적이라는 것은 분명하다(이재영, 2008). 아이들은 숲에서 특별한 감정들을 경험하였으며, 그 감정들은 아이들을 변화시키는 계기가 되었다.

5) 변화의 숲

아이들은 숲에서의 경험을 통해 무엇인가 배웠다고 했다. 이러한 아이들의 이야기는, 동물들은 동화 속의 동물들이 그들과 마주치는 인간 아이들의 운명을 바꾸었던 것과 마찬가지 방법으로 아이들의 행동을 바꾸고 성장으로 이끄는 중재자 역할을 할 수 있다는 캐처(Katcher, 2002)의 주장이나, 청소년들은 종종 자연의 풍경과 동물 또는 다른 몇몇의 자연현상을 자신의 성장과 발전의 메타포로 여긴다는 토마쇼우(Thomashow, 2002)의 연구 결과를 증명하는 사례들이다.

(1) 가르쳐 준 것과 배운 것

나는 숲이 아이들을 가르치는 '진정한 교사'라는 페스탈로치(Pestalozzi)의 말에 귀를 기울이는 데에서부터 이 연구를 출발하였다. 페스탈로치의 말이 사실이라면, 그렇다면 나무와 새와 곤충은 아이들에게 무엇을 가르쳐 줄까?

아이들은 숲이 '신뢰', '배려', '용기' '생명의 소중함', '문화', '관계', '자유', '여유' 등 '삶의 지혜'를 가르쳐 주었다고 했다. 현욱이는 숲이 가르쳐 준 것이 '자연의 생활'이라고 답했는데, 현욱이가 이야기하는 '자연의 생활'의 핵심은 '자유'였다. 엄마가 자꾸 숙제하라고 해서 자유롭지 못하다고 생각하는 현욱이에게 남이섬의 청설모가 가르쳐 준 것은 다름 아닌 '자유'였다.

> 연구자: 숲이 가르쳐 준 것이 있니?
> 강현욱: 그냥 야생동물은 털도 빠지고 그렇게 생각했어요. 그런데 청설모를 보고 야생동물이 동물원에 사육하는 동물보다 자유로워 보였어요.
> 연구자: 자유라는 것에 대해 생각해 봤어?
> 강현욱: 자유라는 건 묶어 놓고 풀어 주지 않다가 갑자기 풀어 줬을 때 그게 자유라고 생각해요. 자유로운 청설모는 이 나

무 저 나무 막 뛰어다니는데요. 자유롭지 않은 청설모는
공간이 정해져 있어서 아무렇게나 못 뛰어다녀요.
연구자: 현욱이는 자유로워?
강현욱: 아니요.
연구자: 왜 아니야?
강현욱: 엄마가 자꾸 숙제하라고 해요.
(강현욱, 청설모 사냥)

기훈이의 이야기는 죽어 있는 매미를 끌고 가는 개미들을 지켜보
았던 경험에 대한 것이었다. 개미는 기훈이에게 협동심, 함께 살아간
다는 것의 의미 등에 대해서 생각해 보는 계기를 제공하였다.

가만히 지켜보고 있는데 개미 떼가 나왔다. 그리고선 매미를 자기
네 집으로 끌고 갔다. 개미가 밉고 짜증났지만 매미를 끌고 가는 개
미들에게 신기한 점이 생겼다. 자기 몸보다 큰 매미를 옮길 수 있을
까라는 궁금증이. 그래서 계속 지켜보도록 했다. 개미들은 금방은
못 들었지만 개미 떼가 매미를 양쪽에서 끌고 가는 것이었다(김기
훈, 매미와 개미).

엄마, 아빠와 함께 산에 가서 소원을 비는 돌무더기와 잘 보지 못
하던 희귀식물들, 그리고 어미 새가 아기 새에게 먹이를 주는 모습
등을 보았던 영주는 숲이 '여러 식물의 이름과 약간의 전통방식을 가
르쳐 주었다'고 했다. 새와 같은 자연물뿐만 아니라 돌무더기처럼 숲
에 인간이 만들어 놓은 인공물도 이미 숲의 일부가 되어 아이들을 가
르치고 있다고 할 수 있다. 또한 숲에 함께 간 엄마, 아빠 등 어른들
도 그 시간에는 숲의 일부가 되어 숲을 가르쳐 준다고 할 수 있다.

연구자: 숲이 가르쳐 준 것은 무엇이었니?

지영주: 약간의 전통 방식하고요. 식물들 이름하고요. 동물들이 살
　　　 아가는 모습 같은 거요.
연구자: 동물들이 살아가는 모습이라는 거는……?
지영주: (어미 새가 아기 새에게) 먹이 주고 그런 거요.
연구자: 전통 방식이라는 건 뭐야?
지영주: 돌 쌓는 거하고요. 절이요.
연구자: 식물도 어머니, 아버지가 많이 알려 주셨니?
지영주: 예.
연구자: 많이 아니?
지영주: 기억은 잘 안 나는데요 은방울꽃하고 제비꽃하고요 붓꽃하
　　　 고…….
(지영주, 도봉산 가을 나들이)

곤충을 싫어했던 찬이는 4학년 여름방학 때 외할아버지가 계시는
산골 숲 속에 갔다가 처음 보는 사마귀 등을 무서워했지만 숲에 있는
동안 '난생처음 보는 생물인데도 오래전부터 알았다는 듯이 모두와
친구'를 할 정도로 숲 속 생물들과 친해졌던 경험 이야기를 들려주었
다. 그날 숲 속에서 만난 사마귀, 개미, 새, 다람쥐, 물고기들은 찬이
에게 숲 속 생물들을 사랑하고 보호해야 한다는 것을 가르쳐 주었고,
찬이는 숲에서 '인간이 아닌 이웃'(Pyle, 2002)들을 만나 친밀감을 나
누고 숲의 소중함을 깨달았다.

연구자: 그런 것이 왜 소중하다고 느꼈어?
김찬이: 숲에 가면요, 시원해요. 마음이. 그래서 그게 아예 사라져
　　　 버리면 영영 마음이 답답할 거 같아요.
연구자: 숲이 가르쳐 준 것이 있다면?
김찬이: 생물들을 사랑하는 것. 보호하는 것…….
(김찬이, 강원도 산골의 숲 속에서)

시영이는 숲에서 마음이 편안해지고 느긋해지는 것을 느꼈다고 했

는데, 숲이 '마음을 편하게 가지면 일이 잘 풀린다'는 것을 가르쳐 주었다고 했다. 숲의 경치, 무드 등이 가르쳐 준 삶의 지혜라고 할 수 있다.

> 느긋함과 감정이 변하는 것 같은 것……그러니까 공부 같은 것을 좀 더 잘할 수 있겠다고 생각했어요. 산에서 성격 같은 게 바뀌었을 때 다른 데도 잘되게 되거든요. 다음부터요. 똑같은 일이 잘 안 될 때 산에서처럼 그렇게 마음을 먹으면 잘돼요(최시영, 산은 사람을 변화시킨다, 어떻게?).

또한 아이들은 숲이 '풍요로움', '무한함', '치유력', '위대함', '기쁨과 즐거움'을 제공해 주는 힘 등 숲과 자연의 속성을 가르쳐 주었다고 했다. 숲에서 다래를 맛보았던 성환이는 숲이 '숲의 풍요로움과 자연의 소중함, 무한함'을 가르쳐 주었다고 했다.

> 연구자: 숲이 가르쳐 준 것은?
> 이성환: 숲의 풍요로움과 자연의 무한함…….
> 연구자: (그게 구체적으로) 어떤 얘기야?
> 이성환: 자연이 저한테 모든 것을 다 제공해 줄 수 있잖아요.
> (이성환, 새콤달콤한 다래 맛)

나무, 새, 곤충 등 숲과 숲의 구성 요소들이 가르쳐 준 것과 별도로, 숲에서의 경험을 통해 아이들이 배웠다고 생각하는 것에 대한 이야기를 들어 보았다. 이 두 질문을 구분한 이유는, 교실 수업에서 교사가 가르쳤으나 학생들이 배우지 않았을 수도 있고, 반면에 교사가 가르치지 않았는데도 아이들이 배우는 경우도 있듯 '가르침'과 '배움'의 결과가 항상 일치하는 것은 아니기 때문이다. 또 몇몇 아이들은 숲에서의 경험을 통해 아무것도 배운 것이 없다고 대답했는데, 이 경우 역시 교실에서 같은 교사가 수업을 해도 어떤 학생은 그 내용을 배우겠지만 또 어떤 학생은 아무것도 배우지 않을 수도 있다는 사실을 받아들이는 것과 동일선상에서 이해할 수 있다.

　서정이는 설악산에서 죽어 있는 다람쥐를 보고 불쌍하고 슬펐던 감정을 이야기했다. 그 경험을 통해 서정이는 작은 것, 불쌍한 동물이나 사람에 대한 '사랑'을 배웠다고 했다. 또한 준원이는 친구들과 함께 자연캠프를 다녀온 후 친구에게 조금 더 먼저 배려할 줄 아는 마음이 생긴 것 같다고 했다.

> 아무리 못생기고 이상해도 모든 것을 아껴 주고 사랑해 줘야겠다고 생각하였다. 그리고 불쌍한 동물이나 사람이 있을 때는 도와줘야겠다고 생각했다(안서정, 불쌍한 다람쥐와 곤충들).
>
> 연구자: 아까 '배려'라는 이야기를 했는데?
> 최준원: 숲의 좋은 공기를 마시면서 제 생각도 달라지는 것 같아서요. 친구에게 좀 더 배려하는 마음이 생긴 것 같았어요.
> 연구자: 그렇게 생각하게 된 계기나 예가 있니?
> 최준원: 친구가 장난……저한테 이렇게 툭툭 치면요, 제가 너무 화를 잘 내는 편이라서…… 짜증을 내고 어떨 때는 욕설을 할 때도 있는데…… 그때는 조금씩 그걸 배려를 하면서 차근차근 친구를 더 챙겨 나가는 것 같고……그러는 것 같았어요.
> (최준원, 자연캠프)

　은영이는 몇 가지 경험을 함께 이야기해 주었는데 그 경험을 통해 '숲은 여러 동물들과 어울리며 살고 숲은 우리 곁에 멀리 있는 것이 아니라 가까이 있다는 걸 알았다'고 했다.

연구자: 그 경험을 통해서 무얼 배웠니?

조은영: 숲에 있잖아요, 동물들이요, 제가 아는 것보다 많고, 숲에 있는 동식물은요, 우리가 보지 못한 것이 많고, 숲은 멀리 있는 게 아니라 좀 가까이 우리한테 곁에 있다는 걸 그런 걸 느꼈어요. 숲은 우리의 친구처럼 가깝고 멀지 않다는 것⋯⋯.

연구자: 자연하고 숲하고 우리 인간이 따로 떨어진 게 아니고?

조은영: 함께 어울리면서, 그러니까 숲은 숲이 아니고 숲이랑 인간 은 어울려서 산다, 그런 거요.

연구자: 함께 살아가는 게 좋은 거야?

조은영: 예. 그냥 숲은 숲이고 동물은 동물이고⋯⋯ 그런데 좀 더 어울리면요, 뭔가 숲이 멀게 느껴졌던 게요, 친구처럼 느껴 지는, 더 가까워지는 게 좋은 거 같아요.

연구자: 구체적으로 어떤 게 좋을까?

조은영: 동물들이요, 사람들을 보면 경계하고 그러잖아요. 그런 게 없어질 것 같고요. 사람들도 동물을 많이 죽였잖아요. 그런 것도 조금 줄 것 같게 느껴져요.

(조은영, 숲이나 수목원 그 외 다른 곳의 기억)

예빈이는 '한 번 넘어지면 절벽 아래로 떨어지는 곳'에서 혼자 내 려오면서 미끄러질 뻔했을 때 그곳에 나무들이 여러 개 있어서 그 나 무를 잡고 내려왔던 경험을 통해 혼자서도 어려움을 극복할 수 있다 는 자신감과 용기를 배웠다고 했다. 한편 대나무 숲에서 나무뿌리에 걸려 넘어질 뻔했던 지윤이는 숲에 가서는 조심해야 한다는 것을 배 웠다고 했다.

연구자: 그 경험을 통해 배운 것이 있다면?

전예빈: 무엇인가에 의지하면 할 수 있다는 것이랑 노력하면 할 수 있다는 것⋯⋯.

연구자: 지금도 숲이 무섭니?

전예빈: 아니요. 지금은 한 여섯 번인가 가서 이젠 안 무서워요.

연구자: 무서웠던 감정을 통해 배운 게 있니?

전예빈: 아무도 도움을 주지 않았는데 나무가 도움을 준 거 같았어요.
연구자: 나무만 붙잡고 너 혼자서 해냈다는 얘기구나?
전예빈: 예. 왜냐하면 길이 하나밖에 없었기 때문에 두 명이서는
　　　　걸어갈 수가 없었어요.
(전예빈, 금학산)

연구자: 그 경험을 통해 배운 것이 있니?
이지윤: 발밑을 조심해야겠다…… (중략)
연구자: 여간 무서운 게 아니었어?
이지윤: 예. 어휴, 떨어지는 줄 알았어요.
(이지윤, 대나무 숲에서)

　축농증을 앓다가 대나무 숲에 가서 처음으로 숨을 편하게 쉬어 봤
다는 민성이는 숲이 아주 고마운 존재라는 것을 배웠다고 했고, 숲에
서 다래 맛을 보았던 성환이는 소중한 자연을 아껴야겠다고 생각하게
되었다.

연구자: 그 경험을 통해 무얼 배웠니?
김민성: 숲은 우리한테 아주 없어서는 안 될 존재라는 것이요. 또
　　　　숲은 저에게 모든 것을 제대로 소중하게 느낄 수 있게 해
　　　　줬던 것 같아요.
(김민성, 내가 간 유일한 숲 대나무 숲)

이성환: 앞으로 좀 더 자연을 많이 아껴야겠다고 생각하게 됐어요.
연구자: 왜?
이성환: 소중한 자연이 계속 사라져 가니까 자연을 더…….
연구자: 그 다래 때문에?
이성환: 예.
(이성환, 새콤달콤한 다래 맛)

　한편, 상현이처럼 숲에서 인상 깊은 경험을 통해 배운 것이 없다는
아이도 있었다. 그러나 곤충의 다리가 따갑다고 생각했다가 곤충을

손 위에 올려놓아 본 이후에는 곤충을 더욱 좋아하게 되었다는 대목 등 '배웠다'는 표현을 쓰지 않았을 뿐 상현이의 경험에는 분명히 의미 있는 변화, 즉 배움의 장면이 포함되어 있었다.

연구자: 그래서 어떻게 됐어?
이상현: 그 뒤로 사슴벌레 같은 곤충이 좋아졌어요. 따가울 줄 알고 손에도 못 올려놨는데……(중략) 그 경험이 없었다면 사슴벌레 다리가 계속 따갑다고 생각하고 있을 거예요.
연구자: 그게 굉장히 특별했어?
이상현: 예. 그 뒤로 곤충을 더 좋아하게 됐어요. (중략)
연구자: 그 경험을 통해 배운 것이 있니?
이상현: 배운 것은 없어요.
(이상현, 곤충 채집)

(2) 관계의 변화

교육은 아이들의 '변화'에 주목한다. 학자들마다 학습에 대한 견해가 다양하지만, 학습이 인간과 그 인간이 접하고 있는 환경과의 상호작용에 의하여 인간 쪽에서 일어나는 어떤 '변화'라고 보는 점에서는 일치한다고 볼 수 있다(이혜림 외, 2004). 본 연구는 숲에서의 경험을 통해 아이들에게 어떤 변화가 일어났는지를 확인하고 이해하고자 하였다.[24]

사토 마나부는 배움의 활동을 '의미와 사람의 관계를 다시 엮어 가는 과정'으로 인식하고, 배움의 실천을 학습자와 대상, 학습자와 타자, 학습자와 자기 자신이라는 세 가지 관계를 엮어 가는 행위로 재정의하고 있다(손우정, 2007에서 재인용). "배우는 활동은 대상 세계의 의미를 구성하는 활동이자 타자와 관계를 맺어 가는 활동이며 자

---

24) 듀이에게 경험은 항상 관계적 성격을 띠고 경험 구성의 주체는 항상 각각의 아이들이다. 즉 경험은 개인－사회라는 공간적 관계, 과거－현재－미래라는 시간성 속에서 개인이 구성하는 삶의 문제이다(박세원, 2004).

기의 윤곽을 탐구하며 모양을 만들어 가는 활동이다. '관계(relation)'라는 개념은 원래 '이야기하다(relate)'라는 동사로부터 파생했다는 점에서 대상과 타자와 자기 자신과 '관계'를 구성하고 해체하고 수복하는 일은 그러한 '의미'를 이야기하는 것과 같은 뜻이다. 즉, 배움은 대상과 타자와 자기에 관한 '이야기'를 통해서 '의미'를 구성하고 '관계'를 다시 구축해 가는 실천이다."(손우정, 2007: 29)

숲에서의 경험을 통해 아이들은 '숲'에 대한 생각이나 행동이 달라졌다고 하였다. 나무에 대해서는 '생명은 있지만 움직이지 못하고', '너무 많아 소중하지 않은' 존재라는 생각에서, '움직이지 못하지만 생명이 있고', '하나하나가 고맙고 소중한' 존재라는 생각으로 변화했다. 개미, 매미 등 곤충(벌레)에 대해서는 '징그럽고', '더럽고', '무서우며', '밟아도 되고 죽여도 되는', '하찮은' 존재라는 생각에서, '신기하고', '불쌍하고', '친구처럼 귀엽고 다정하며', '소중하고 아껴야 할' 존재라는 생각으로 변화했다. 새, 다람쥐 등 숲 속의 야생동물에 대해서도 '관심 없고', '무섭고', '보잘것없고', '이상한' 존재라는 생각에서 '관심이 많아지고', '귀여우며', '예쁘고', '신기하고', '소중하며', '함께 살아가야 할' 존재라는 생각으로 변화했다. 즉, 숲에서 인상 깊은 경험을 통해 아이들에게는 변화가 생겼다. 숲에 대한 관심과 애정이 생겼고 이러한 변화는 이후에도 아이들의 생각과 태도에 영향을 주고 있다는 사실을 확인하였다.

숲에서의 경험은 다른 사람과의 관계를 변화시키기도 했다. '그냥 같은 반에 있는 애'였던 친구는 숲에서 함께 고생을 하고 온 후 '소중한' 친구로 변했다. 친구에게 화를 자주 냈다는 아이는 숲에서 '배려' 해야겠다는 생각을 했고, 지금도 노력하고 있다고 했다. 다람쥐와 곤충들이 죽어 있는 것을 보고 불쌍한 감정을 느꼈던 아이는 그 후 작은 생물도 소중하게 생각하게 되었고, '너무 더럽고 짜증난다고 생각'하던 장애인에 대해 '그런 사람일수록 감싸 주어야 한다'고 생각하게 되었다. 아이들은 숲에서 '관계'의 변화를 경험했고, '함께' 살아간다는 것의 의미를 생각했다.

'나'에 대한 생각의 변화에서 귀를 기울이게 하는 것은 '자아존중감'[25]의 향상에 대한 아이들의 목소리였다. 아이들에게 숲은 '작고 초라해 보이던 나'에게 '왕이 된 것 같고', '부자가 된 것 같은' 기분이 들게 한 마법과 같은 장소였다. 숲은 아이들에게 '나는 소중하며', '세상에는 나와 같은 사람이 존재하지 않고, 특별한 존재'라고 자신을 긍정적으로 생각하게 하였다. 이러한 자아존중감의 향상은 '책임감 있는 환경 행동(Environmental Responsible Behavior: ERB)'으로 이어진다는 연구 결과도 있다(박진희 & 장남기, 1998).

6) 되살아나는 숲

아이들이 겪은 경험을 이야기하고(telling) 다시 이야기하는(retelling) 과정을 통하여 경험의 의미를 찾고(living) 이를 토대로 새로운 삶을 살아가게 되는(reliving) 과정이 바로 교육이다. 나는 이 연구에서 '이야기'에 주목하여 아이들의 기억[26]을 되살리는 데 주력했다. 아이들

---

25) 자아존중감은 심리적으로 혼란하거나 독선적인 역기능 가정에서 자란 아동으로부터 자아를 상실하고 삶의 의미를 잃어 가는 성인에 이르기까지, 넓은 연령 범위에 걸쳐 모든 현대인들이 증진시켜야 할 필수적인 요인으로 주목받고 있는 개념이다(박진희, 장남기, 1998).

26) 학습이란 기억을 의미한다고 할 수 있다. 만일 어떤 경험을 했는데도 아무것도 기억하지 못한다면 우리는 아무것도 배울 수 없다. 학습이 우리가 경험한 내용을 획득하는 과정이라면, 이러한 경험내용을 저장하고 재생해 나아가는 일련의 과정을 기억이라 할 수 있다. 인간행동은 행동하는 개체와 환경과의 역동적인 관

이 자신의 이야기를 하고, 또다시 이야기하는 과정을 거치면서 경험의 의미가 분명하게 드러나도록 하였다.

(1) 삼차원적 공간에서 되살리기

이야기 수집 과정에서 주요 질문들은 클랜디닌과 코넬리가 개념화한 내러티브의 삼차원적 공간을 포함할 수 있도록 구성하였다.[27] 즉, 개인적·사회적인 상호작용, 과거·현재·미래라는 시간의 연속성, 장소의 개념으로서의 상황을 염두에 두고 이야기를 수집하였으며, 상호작용의 네 방향, 즉 내적 지향, 외적 지향, 과거 지향, 미래 지향 등 각 방향을 향해 질문을 던졌다.

〈표 2〉 내러티브의 삼차원적 공간(Creswell, 2008)과 연구의 적용

구성요소	상호작용		시간의 연속성			상황
	개인	사회	과거	현재	미래	장소
본 연구에 적용	숲과 맞닥뜨린 순간에 느낀 감정, 그 이후 생각의 변화 등	숲에 가게 된 이유, 함께 간 사람 등 맥락적 조건 (숲에 갈 시간이 줄어듦, 부모의 역할)	숲과 만나기 전의 상태 (생태맹)	맞닥뜨린 순간 또는 연구에 참여하는 상황	다른 친구에게 하고 싶은 말	풍경, 나무, 야생 동물, 다른 사람 등 숲과 맞닥뜨림과 관련된 숲의 요소, 중재적 조건

계에 의하여 이루어진다고 볼 수 있는데, 이 관계도 시간적인 사실로서. 지금의 순간적인 행동은 존재로서의 장면을 구성하고 있는 구조와 동시에 과거에 있었던 경험의 영향 때문에 규정된다고 볼 수 있다. 과거에 있었던 경험 내지 사건들은 개체에 어떤 영향을 남기고 또한 이를 출발점으로 하여 현재의 장면에서 행동하고 있는 것이다(노승윤, 2004).

27) 내러티브 탐구에서 삼차원적 공간이란 개인적·사회적인 상호작용(interaction), 과거·현재·미래라는 시간의 연속성(continuity), 그리고 장소의 개념으로서의 상황(situation)을 말한다. 클랜디닌과 코넬리(2000)는 특히 상호작용의 네 방향에 대하여 이야기하고 있는데, 그것은 내적 지향(inward), 외적 지향(outward), 과거 지향(backward), 그리고 미래 지향(forward)을 말한다. 내적 지향이란 느낌, 희망, 미적 반응, 도덕적 기질과 같은 내면의 상태를 의미한다. 외적 지향이란 실존적 상황. 즉 환경을 의미한다. 과거 지향과 미래 지향은 과거, 현재, 미래라는 시간성을 말한다. 경험을 경험하는 것은, 즉 경험에 대해 연구를 하는 일은 이 네 방향에서 동시에 그것을 경험하는 것이며 각 방향을 향해 질문을 던지는 것이다(염지숙 2008).

내러티브의 삼차원적 공간에서 상호작용의 구성요소는 개인과 사회이다. 개인의 차원은 개인의 내면상태, 감정, 희망, 심리반응, 도덕적 성향 등 내적 지향에 주목한다. 본 연구에서는 숲과 맞닥뜨린 순간에 느낀 감정, 그 이후 생각의 변화 등에 대한 아이들의 이야기가 여기에 해당된다. 사회의 차원은 환경에서의 실존적 상황, 다른 사람의 존재 및 그들과의 상호작용, 목적, 가정, 관점 등 외적 지향에 주목한다. 본 연구에서는 숲에 가게 된 이유, 함께 간 사람 등 맥락적 조건을 알 수 있는 아이들의 이야기가 여기에 해당된다.

시간의 연속성의 구성요소는 과거와 현재와 미래이다. 과거차원은 회상된 지나간 시간의 이야기와 경험 등 과거 지향에 주목한다. 본 연구에서는 숲과 만나기 전의 상태, 즉 생태맹의 상태를 확인하였다. 현재의 차원은 하나의 사건에 대한 행동과 연결된 현재의 이야기와 경험 등 현재지향에 주목한다. 본 연구에서는 숲과 맞닥뜨린 순간과 연구에 참여하는 상황 등이 여기에 해당한다. 미래 차원은 암시되거나 가능한 경험과 줄거리 구성 등 미래 지향에 주목한다. 본 연구에서는 다른 친구에게 하고 싶은 말 등이 여기에 해당된다.

상황의 구성요소는 장소이다. 맥락, 시간, 공간적 상황 등에 기반을 둔 처해 있는 상황에서 인물의 성격, 목적, 다른 관점에 주목한다. 풍경, 나무, 야생동물, 다른 사람 등 숲과 맞닥뜨림과 관련된 숲의 요소 등이 여기에 해당된다.

리쾨르는 "과거의 현재는 기억이며, 현재의 현재는 직각(直覺, vision)이며, 미래의 현재는 기다림이다"(Recoeur, 김한식 역, 2000)라고 했다. 내러티브의 삼차원적 공간에 따라 아이들의 숲 이야기를 수집하고 분석하는 동안 아이들의 잊혔던 기억들이 되살아나고, 희미하던 경험의 의미가 분명해지며, 경험에 새로운 의미가 생기고, 과거의 시간이 미래로 연결되었다.

(2) 이야기로 되살리기

아이들이 지은 이야기의 제목, 아이들이 이야기에서 강조하고 싶은 단어 등은 이야기의 내용과 의미를 파악하는 데 도움이 되었다. 또한 연구 과정에서 참가자별 자료를 정리하면서 아이들의 이름과 함께 제목을 적어 둠으로써 원하는 이야기의 위치를 찾을 수 있었다. 강조하고 싶은 단어는 이야기 주제를 파악하는 데 유용한 자료가 되었다.

아이들에게 이야기의 제목을 붙이도록 하였는데, 제목은 아이들이 이야기하고자 하는 것이 무엇인지를 잘 드러내 주었다. '금악산', '크로아티아 국립공원', '자연휴양림' 등 장소로 표현되기도 했고, '어렸을 적엔(수락산)', '숲에 간 날'처럼 시간으로 표현되기도 하였다. 또한 '동화책 속 숲과 다른 숲', '숲이나 나무에 대한 나의 생각과 느낌의 변화' 등 의도나 주제를 드러내기도 했고, '불쌍한 다람쥐와 곤충', '고마운 나무' 등 느낌이나 감정을 표현한 것도 있고, '곤충채집', '도봉산 가을 나들이'처럼 행위나 상황을 표현한 것도 있었다. 어느 것이든 아이들의 숲에 대한 경험의 의미를 엿볼 수 있는 단서들이 되었다.

> '금악산', '크로아티아 국립공원', '자연휴양림', '강원도 산골의 숲 속', '아빠 회사 뒷산', '대나무 숲에서'
>
> '어렸을 적엔(수락산)', '숲에 간 날'

‘동화책 속 숲과 다른 숲’, ‘숲이나 나무에 대한 나의 생각과 느낌의 변화’, ‘숲의 자연과 아름다움’, ‘맑은 공기 그리고 야생’, ‘숲이나 수목원 그 외의 다른 곳의 기억’, ‘곤충을 사랑하고 아끼자’, ‘산은 사람을 변화시킨다, 어떻게?’, ‘생각해 보니’

‘새콤달콤한 다래 맛’, ‘불쌍한 다람쥐와 곤충’, ‘고마운 나무’

‘청설모 사냥’, ‘도봉산 등산’, ‘곤충채집’, ‘스카우트 여름캠프’, ‘도봉산 가을 나들이’

인터뷰 도중에 아이들이 쓴 글을 꺼내 보여 주며 자신의 이야기에서 가장 강조하고 싶은 단어를 하나 꼽아 보라고 하였다. 아이들이 꼽은 단어들은 ‘경외’, ‘낯선’, ‘고마운’, ‘상쾌’ 등 느낌이나 감정과 관련된 단어, ‘사슴벌레’, ‘다람쥐’, ‘가족’, ‘낭떠러지’ 등 이야기의 소재로 볼 수 있는 단어, ‘배려’, ‘건강’, ‘생명’, ‘안전’, ‘함께’ 등 이야기의 주제와 연관된 단어 등이었다. 이 단어들은 아이들이 이야기하고자 하는 핵심 의미를 함축하고 있었다.

‘경외’, ‘감동적’; ‘낯선’, ‘신기하다’, ‘의외’, ‘간지러움’; ‘고마운’, ‘무료 병원’, ‘보물’, ‘소중’, ‘신선한’, ‘좋은’; ‘상쾌’

‘사슴벌레’, ‘다람쥐’, ‘곤충’; ‘공기’, ‘국립공원’, ‘자연’; ‘가족’, ‘선생님’; ‘낭떠러지’, ‘절벽’, ‘뱀’, ‘모기’

‘배려’, ‘존중’; ‘건강’, ‘에너지’, ‘생명’; ‘안전’, ‘고생’; ‘조절’; ‘함께’, ‘협동심’

경험에서 배운 것을 다른 친구에게 이야기한다면 어떻게 이야기하겠느냐는 물음에 아이들은 자연을 보호하자거나 야생동물을 사랑하자는 등의 교훈적인 이야기를 해 주고 싶다는 대답을 했다. 동화책에서 보았던 동물을 숲에서 보지 못해 실망했다는 지혜는 동물을 소중하게 대해 주자는 이야기를 해 주고 싶다고 했고, 낭떠러지 길을 내려오느라 고생했다는 예빈이는 노력하면 무엇이든지 할 수 있다는 걸 이야기하고 싶다고 했다.

> 에너지를 낭비하거나 아니면 동물을 함부로 다루는 친구들에게 제 경험을 얘기해 주면서 소중하게 다 동물 대해 주고 환경을 보호하라고 설득시키고 싶어요(박지혜, 동화책 속의 숲과 다른 숲).
>
> 숲에서는 나무 같은 거 꺾지 말고 자연을 훼손시키지 말아야겠다고······(이상민, 곤충을 사랑하고 아끼자).
>
> 숲에는 살아 있는 동물과 곤충들도 많지만 죽어 있는 곤충들도 많으니까 이렇게 작은 생물과 큰 동물들도 모두 다 같이 사랑해 줘야 된다고······(안서정, 불쌍한 다람쥐와 곤충들).

나름대로의 주장, 생각, 견해를 이야기하겠다는 아이들도 있었다. 시영이는 숲이 사람의 성품을 좋은 방향으로 변화시킨다는 점을 이야기하겠다고 했다. 찬이는 곤충은 무서운 게 아니라는 걸 이야기하겠다고 했고, 자연캠프 다녀온 이야기를 해 준 준원이는 숲에 다녀오면 숲에 대한 생각이 달라질 거라는 걸 알려 주고 싶다고 했다. 아빠를 따라 수락산에 갔다가 평소 볼 수 없던 멋진 가을 산의 풍경을 보았다는 민기는 숲은 알면 알수록 더 재미있고 신비롭다는 걸 이야기하겠다고 했고, 축농증이 있었던 민성이는 숲이 아주 중요한 존재라는 걸 이야기하고 싶다고 했고, 건강 때문에 산에 갔다는 재성이도 숲이 꼭 필요하다는 이야기를 해 주고 싶다고 했다. 정민이는 책에서 보는 숲보다 직접 보는 숲이 더 아름답고 신기하고 예쁘다는 걸 이야기해 주고 싶다고 했다.

> 숲은 알면 알수록 더 재미있고 신비롭다는 거……(성민기, 수락산 갔을 때).

> 곤충을 싫어하는 애들한테 무서운 게 아니라고……(김찬이, 강원도 산골의 숲 속에서).

> 갈 수 있다면 꼭 가야 되는 곳이라고 이야기하고요. 나무 같은 거 자르면 안 되는 것……원래 그렇지만 사람들에게 알려 주고 싶고. 숲을 너무 무시하는데 한번 갔다 오면 생각이 달라질 거라고 말해 주고 싶어요(최준원, 자연캠프).

자신이 생각한 것을 적극적으로 제안 또는 권유하겠다는 아이들도 있었다. 선우는 숲에 가면 화목한 가정이 될 거라는 것을 이야기하겠다고 했고, 현욱이는 엄마가 하라는 대로 다 하는 아이들에게 청설모처럼 자유로워지라고 이야기하겠다고 했다. 숲은 친구처럼 가깝고 멀리 있지 않다는 것을 알았다는 은영이는 동물과 함께 어울릴 수 있는 기회를 가져 보라고 권하겠다고 했고, 정은이는 자연이 어떻게 생겼는지 함께 생각해 보자고 하겠다고 했으며, 사슴벌레를 손 위에 올려놓아 본 이후로 곤충이 좋아졌다는 상현이는 놀이터 같은 숲에서 자주 놀자고 권하겠단다.

> 애들아 가족과 놀러 가기가 힘들면 가까운 숲이나 산으로 가서 놀아 봐! 화목한 가정이 될 거야[허선우, 어렸을 적엔 (수락산)].

> 연구자: 경험에서 배운 것을 다른 아이들한테 이야기한다면?
> 강현욱: 항상 엄마에게 구박받고 엄마가 하라는 대로 다 하는 아이한테요.

연구자: 그런 아이에게 뭐라고 하고 싶어?
강현욱: 어~ 자유를 가져라.
(강현욱, 청설모 사냥)

조은영: 동물들 예를 들어가지고요. 그렇게 좀 이야기할까? 개랑 고양이는 친하잖아요. 그런데 시골에 있는 소나 말 그런 건 별로 친근하지 않잖아요. 그냥 걔네는 외양간에서 자라는 그냥 동물이다……. 그리고 개나 고양이한테는 밥을 줬어도 소나 말한테는 밥을 준 적이 없잖아요. 그러니까 어디 체험을 가서 그런 걸 하면 더 친근해질 것이고, 같이 어울려 자라면 좀 더 좋은 경험이 될 거라고. 그러면서 얘기하고 싶어요.
연구자: 동물들하고 있으면 뭐가 좋을까? 우리들한테.
조은영: 뭔가, 그 뭐지? 애정이 생길 것 같고요. 그리고 다른 것 생각하지 못했던 것을 생각할 수 있을 것 같아요.
(조은영, 숲이나 수목원 그 외 다른 곳의 기억)

숲에서 자주 놀자(이상현, 곤충 채집).

현욱이나 연주처럼 '이야기하기'라는 행위 자체에 초점을 맞춘 아이들도 있었다. 나아가 연희는 숲에서 겪었던 경험을 소설로 써 보겠다고 했다. 소설을 보여 주겠다는 약속을 지키지는 못했지만, 연희는 방학이 끝나고 다시 만난 나에게 자신의 이야기를 담은 8칸 만화를 대신 그려 주었다.

말하는 게 부끄럽겠지만 시키면 해야죠. 내용은 제가 겪은 일하고 생각한 것을 중심으로 이야기하는 게 좋을 것 같아요(김현욱, 크로아티아국립공원).

아기 새하고 돌무더기 이야기를 중심으로 요약해서 할 것 같아요(지영주, 도봉산 가을 나들이).

이연희: 약간 잘 풀어가지고 무슨 동화나 이야기 같은 내용으로 말
　　　 해 주고 싶어요.
연구자: 그 이야기의 주제는 뭘까?
이연희: 주제요? 있을 때 잘하자. 아, 실수하지 말자고 등.
연구자: 거기에 대해서 이야기를 써서 해 볼 생각 있니?
이연희: 인터넷에서 소설도 쓰고 있으니까 나중에 심심하면 써야죠.
연구자: 방학 동안에 써서 나한테 줄 수는 없겠니?
이연희: 가능할 수는 있을 거 같아요. 그럴게요.
(이연희, 생각해 보니)

신기하거나 무서웠다는 등 그때 당시의 느낌이나 감정을 이야기하
겠다는 아이들도 있었다. 유현이는 다람쥐를 처음 봤을 때의 신기한
감정을, 지윤이는 낭떠러지를 지나며 무서웠던 감정을 이야기하겠다
고 했다. 보고 느낀 것을 다른 친구들에게 자랑하겠다고 한 아이들도
있었다. 이 아이들에게 숲은 모험의 장소였으며, 뱀을 보았거나 산 정
상에 올랐던 모험의 추억들은 아이들에게 자랑하고 싶은 이야깃거리
를 남겼다.

　　다람쥐를 처음 봐서 신기했다고요(김유현, 도봉산에서 다람쥐를 봤다).

　　무서웠다(이지윤, 대나무 숲에서).

　　뱀이 다른 애들은 많이 본 것 같지 않아서 친구들에게 자랑하고 싶
　　어요(권지연, 비발디파크에 있는 산).

　　도봉산 정상에 올라갔다고. 그냥 자랑할 거예요(허혁, 도봉산에서).

시나 소설로 자신의 이야기를 표현해 보도록 하였는데, 아이들의
작품에는 아이들의 감정과 생각이 잘 정리되어 드러나고 있었다. 특
히 시나 소설을 쓰면서 아이들은 숲과 나무에 대한 은유를 사용하였

는데, 숲에 대한 아이들의 생각을 응축적으로 보여 준다. 현욱이는 "숲은 동물의 자유터"라고 했고, 서정이는 "숲은 동물들의 휴식터"라고 했다. 지혜는 "숲은 주인이 없는 텅 빈 집"이라고 했고, 정은이는 "숲은 나의 선생님, 나의 놀이터, 나의 보석, 나의 마술사"라고 표현했다. 민성이는 "숲은 자연의 창조물"이라고 했고, 지영이는 "나무는 꼭 선생님 같아. 나무는 꼭 의사 같아. 나무는 꼭 산소탱크 같아"라고 표현했고, 준원이는 "나무는 한때 나의 화풀이 대상이었다"고 했다. 상민이는 "숲은 살아 있는 교과서"라고 표현했고, 아정이는 "숲이 없으면 행복이 없다"라고 했다.

　나희의 시 '숲 속 친구들'에는 나무, 새, 시냇물 등 숲 속 친구들에 대한 나희의 친밀감이 잘 드러나 있다. 숲 속에는 자신이 잘 아는 친구들이 있어서 놀러 가면 나무와 동물들이 반갑게 맞이해 준다는 내용이다.

숲 속에는
내가 잘 아는 나무들이 있지요

숲 속에는
내가 잘 아는 동물들도 있지요

나는 그 나무, 동물들을
만나러 날마다 숲 속에
놀러가지요

그러면 제일 먼저,
키 큰 나무와
키 작은 나무가
나에게 인사를 하지요

새들과 시냇물이
'짹, 짹, 짹', '졸 졸 졸 졸'
거리며 노래를 불러 주지요
(송나희, 숲 속 친구들)

선우는 '숲의 기억'이라는 시에서 마치 '저 멀리 이사 간 옛 친구'
를 잊어버릴 수 없듯이 숲에 대한 기억을 잊어버릴 수 없다고 하였다.
숲에서의 기억은 아이들의 삶 속에 오랫동안 살아 있다.

숲의 나무
숲의 시냇물
숲의 냄새
새들의 노랫소리

숲의 기억은 잊어버릴 수 없어

소풍 온 사람들
놀고 있는 아이들
꽃구경 온 할머니들
등산하는 사람들

숲의 기억은 잊어버릴 수 없어
저 멀리 이사 간 옛 친구처럼
(허선우, 숲의 기억)

지혜는 '동화책 숲과 다른 숲'을 시로 썼다. 이 시에서 나희에게 숲
은 '이상한 곳'이다. 나희가 알고 있던 동화책 속 숲, 즉 '자연스러운
숲'은 사자, 호랑이, 다람쥐, 토끼 등이 사는 '동물들의 집'이었는데,
직접 가 보니 동물들은 보이지 않고 포장된 도로에 차가 다니고 있어
서 실망했던 감정이 잘 표현되어 있다.

동화책 속 숲에는
동물의 왕 사자
용맹스러운 호랑이
알밤 까먹는 귀여운 다람쥐
깡충깡충 토끼 등
많은 동물들이 숲을 지키고 숲을 집으로 삼게 되었다

(중략)

그런데
그런데
진짜 숲은
포장된 도로길에 차가 다니고
호랑이도 보이지 않는
정말 이상한 숲이었다
(박지혜, 동화책 숲과 다른 숲)

성환이가 지은 시 '청설모'에는 청설모에 대한 아이의 순수하고 친밀한 감정이 잘 드러나 있다. 숲에서 잣송이를 주워 보니 잣은 없고 껍질만 벗겨져 있었다. 혹시나 하는 마음에 살펴보았지만 알맹이는 하나도 없다. 실망스럽지만 그 잣을 맛있게 먹었을 청설모를 생각하면서 위안을 갖는 아이의 모습이 눈에 선하게 그려진다.

조그만 잣송이가
길에
떨어져 있네

허리 숙여
잣송이를
주워 보니

잣은 없고

껍질만
다 벗겨져 있네

혹시 몰라
하나하나 까도
알맹이 하나 없네

청설모가
맛있게 잘
먹었겠지
(이성환, 청설모)

　시영이의 '나무의 말'은 장편(掌篇)소설 같다. 첫 문장을 '나는 나무입니다'로 시작하였다. "그것도 아주 쪼그만 나무지요. 그래도 나는 나무입니다. 천 년도 거뜬히 사는 주목나무"로 이어지면서 나무로서의 자긍심을 표현했다. 이 글은 나무 가족들이 사는 숲 속에 사람들이 들어와 도로를 만들면서 나무들을 베어 내기 시작하고 결국은 '나'도 베어지는 것으로 끝난다. 이 글에서 한 그루 나무가 되어 나무의 심정을 상상해 보았던 시영이는 사람들, 특히 숲을 파괴하는 어른들에게 비명을 지르듯 묻는다. "나무는 사람에게 모든 것을 줍니다. 하지만 왜 사람들은 나무에게 아무것도 주지 않지요?"

　나는 나무입니다. 그것도 아주 쪼그만 나무지요. 그래도 나는 나무입니다. 천 년도 거뜬히 사는 주목나무. 나는 숲의 동쪽 끝에 서 있습니다. 매일매일 떠오르는 해를 가장 먼저 볼 수 있는 그런 곳입니다. 내가 선 곳. 나는 태어났을 때부터, 내 위로 어른 나무들 모두가 세로로 쌓여도 닿지 못할 만큼 높은 내가 바라보는 저 짙푸른 하늘을 사랑했습니다. 내가 뿌리내린 보드라운 흙이 내 밑으로 어른 나무들 모두를 세로로 박아 넣어도 끝에 닿지 못할 깊고 큰 땅을 사랑했습니다. 목말라도 조금만 참고 견디면 내려 주는 시원

한 소나기도 좋아했지요. 지금도 그렇고요. 그런데 내가 일어나서
맨 처음 본 건 금빛 찬란한 해가 아니었습니다. 사람들! 둥글고 노
란 모자를 쓰고, 똑같은 옷을 입은 사람들이 철근과 콘크리트 같은
것들을 들고 아주 많이 서 있었습니다. 몇 번 사람들이 왔다 갔다
했습니다. 배낭을 메고 두꺼운 신발을 신은 등산객 한두 명 정도.
그런데 며칠 전부터 양복을 입은 사람들도 왔다 갔다 했습니다. 둥
글고 노란 모자를 쓰고, 주황색 옷을 입고, 주황색 가방을 들고, 그
안에서 여러 가지 자 같은 것들을 꺼내던 사람들도 그랬고요. 엄마
가 말했습니다. "길. 길을 만들려는 거다. 길을 만들려는 거야. 저기
도 까만색 아스팔트길이 만들어질 거야." (중략) 허가? 허가를 누구
에게서 받았다는 거예요? 우리 나무한테는 아무도 허락 구한 적이
없는데……사람들은 정말 이상했어요. 왜 우리를 사람들 마음대로
베라고 허락해 주고 베어 내요? 나는 엄마에게 물어보고 싶었어요.
그런데 어떤 사람이 위~잉 소리가 나는 얇고 날카로운 쇳덩이를
가지고 왔어요. 그리고 당장에 할머니, 엄마가 있는 줄부터 베어
내기 시작했습니다. 비명 소리가 귓가에 울렸어요. 나는 눈을 질끈
감았습니다. (중략) 십 년 후, 나는 또 사람들을 만났습니다. 이번에
는 나무들을 베려고 온 사람들이었습니다. 그들은 나를 보더니 "좋
은 나무인 걸"이라고 했습니다. 나는 베어졌습니다. 아프지만 비명
은 지르지 않았습니다. 나무는 사람에게 모든 것을 줍니다. 하지만
왜 사람들은 나무에게 아무것도 주지 않지요? (최시영, 나무의 말)

또한 나는 아이들에게 이 연구에 참여하면서 가졌던 생각, 소감 등
을 솔직하게 이야기해 달라고 하였다. 내러티브 탐구에서 연구자는
연구가 진행되는 동안 참여자가 연구에 참여하는 일에 대한 그들의
느낌이나 생각에도 관심을 가지고 기록해야 하는데, 이는 참여자의
연구 참여 경험 또한 연구 텍스트로 구성될 수 있기 때문이라는 염지
숙(2003)의 제안에 따른 것이다.

정은이와 상현이, 은영이, 선우 등의 아이들은 숲에 대해서 생각해
본 적이 없거나 생각해 볼 시간이 별로 없었는데 이 연구가 숲에 대
해서 '다시 한 번', '더 많이', '더 깊게' 생각해 볼 수 있는 좋은 기회

가 되었다고 했다.

제가 숲에 대해서 이 연구 전에는 한 번도 이렇게 깊게 생각한 적이
없었는데요. 이렇게 생각하고 쓰고 나니까 더 오래 기억할 수 있고
좋은 것 같아요(오정은, 나무에 대한 나의 생각과 느낌의 변화).

이상현: 좋은 것 같아요. 그냥 숲을 더 생각하게 되니까. 도시에 있
으면요, 숲은 별로 생각 안 하잖아요. 숲은 생각하다 보면
다시 숲도 생각나고 그 특별한 기억이 잊어버릴 수 있는데
다시 생각나고.
연구자: 왜 좋아?
이상현: 그냥, 아, 추억이 되잖아요.
(이상현, 곤충 채집)

이런 것은 많이 기억에 남기는 남지만, 요즘에 뭐 학원도 가고 바
쁘다 보니 이런 거 생각할 시간도 별로 없는데요. 이번 시간을 통
해서 옛날에 했던 것 좋은 추억들을 다시 생각해 낸 게 좋은 것 같
아요[허선우, 어렸을 적엔(수락산)].

제가, 뭐랄까……느낀 걸요, 다시 한 번 뒤돌아볼 수 있고요. 왠지
숲이 더 친근해지는 것 같은 그런 느낌이 들어요(조은영, 숲이나
수목원 그 외 다른 곳의 기억).

잊었던 기억을 다시 떠오르게 해 주었다는 데 의미를 둔 아이들도
있었다. 찬이와 연이는 즐거웠던 날을 기억하고 되새기면서 다시 즐
거워졌다고 했고, 시영이는 기억을 꺼내는 일이 특별한 경험이어서
흥미로웠다고 했다.

그 전날을 되새기는 것 같아서 좋았어요. 그때가 되게 즐거웠거든
요. 그래서 그 즐거운 일을 계속 생각하니까 다시 즐거운 마음이
생각나가지고……(김찬이, 강원도 산골의 숲 속에서).

기억을 꺼내는 것이 보통 때 하지 않은 일이라서 흥미로웠다. 형식적인 게 아니라 좋았다(최시영, 산은 사람을 변화시킨다, 어떻게?).

과거의 흐릿한 기억을 기억해 내서 말하니 기억이 마구 살아났다. 과거의 기억이 많이 나면 난 너무 좋다. 왜냐하면 내가 그땐 그랬었지 귀엽네. 아니면 아, 잘할 걸이라고 생각하면 뭔가 마음이 훈훈해지기 때문이다(이연희, 생각해 보니).

준원, 지윤이는 숲에 대한 이야기보다는 '이야기하기' 자체의 의미와 즐거움에 대해 말해 주었다. 또한 아정이와 지섭이는 내가 구체적인 걸 잘 물어봤다거나 나의 연구를 도와주는 것이어서 좋다는 등 연구 진행에 대해 평가하거나 연구자 개인에 대한 소감을 이야기하기도 했다.

좀 처음이라서 떨렸는데 하다 보니까 괜찮은 것 같고요. 좀 후련한 것 같아요. 숲의 얘기를 하니까 다시 한 번 기억하게 되고 그러니까 좋은 것 같고. 다음에도 가 보고 싶은 생각이 들어요(최준원, 자연캠프).

다른 사람한테 별로 말한 적이 없는데 이렇게 말하는 것도 재미있는 것 같아요. 제 생각을 말하는 거가 도움이 되는 것 같아요(이지윤, 대나무 숲에서).

구체적인 걸 잘 물어보는 것 같아요. 구체적으로 물어봐서 저도 구체적으로 잘 대답했어요. 숲에 대해서는 오늘이 처음이에요(엄아정, 자연휴양림).

도와드리는 거니까 기분이 좋죠. 숲에 대해서 좀 더 생각을 많이 해 본 것 같아요(이지섭, 숲에 간 날).

한편, "별 생각 안 들었어요", "잘 모르겠어요", "특별한 느낌 같은 건 없는데요" 등의 대답도 있었다.

> 별 생각 안 들었어요(김유현, 도봉산에서 다람쥐를 봤다).

> 모르겠어요(박지영, 아빠 회사 뒷산에 가서).

　연구에 대한 아이들의 반응은 아이들을 학교로 찾아갈 때마다 내가 아이들에게서 받은 느낌과 다르지 않았다. 대부분의 아이들은 숲에 대해 이야기하는 시간을 가져 본 경험이 없었고, 숲에 대해 이야기해 볼 수 있었던 이 연구에 호감을 표현했다. 아이들의 숲 이야기를 통해 나는 아이들이 숲에서 의미 있는 시간을 가졌으며, 아이들의 숲에서의 경험을 기록하는 작업이 필요하다는 점을 확인하였다. 아이들의 숲에 대한 이야기를 수집하고 기록하는 과정에서 나는 아이들이 숲에서 시간을 보낼 때의 느낌을 증명할 수 있었고, 그들이 숲에서 배우는 교훈을 확인할 수 있었으며, 아울러 숲의 교육적 가치를 확신할 수 있었다.

2. 아이들은 숲에서 무엇을 배우는가?

　본 연구는 아이들의 숲에 대한 기억을 통해 경험의 교육적 의미를 이해하고자 한다. 본 장에서는 이야기의 교육적 주제들을 대표하는 6명의 아이들을 선택하여 집중적으로 분석함으로써 아이들이 숲에서 무엇을 배우는지[28]에 대한 질문에 대답하고자 한다.

---

28) "학습에 대한 정의는 크게 행동주의적 입장과 인지론적 입장에서 살펴볼 수 있다. 행동주의적 입장에서 보면, Morgan과 King(1971)은 학습을 '경험 또는 연습의 결과로 일어나는 비교적 영속적인 행동의 변화'

교육적 주제가 도출되는 핵심현상이 감정의 발생과 밀접한 관련을 맺고 있음에 주목하였으며, 학습이 일어나는 과정[29]을 토대로 맥락적 조건, 인과적 조건, 상황, 감정, 변화, 이야기 등의 영역으로 구분하여 이야기를 집중적으로 다시 해독[30]하였다. 이를 구조화하면 다음과 같다.

> 숲과 관련하여 특정 상태에 있던 아이들은(환경 1) 특정 계기에 의해 숲으로 가서(환경 2) 숲과 맞닥뜨리고(경험 1) 특별한 감정을 경험했으며(경험 2) 이러한 경험을 통해 생각 또는 행동에 변화가 일어났고(학습 1) 이야기하기를 통해 그 의미가 되살아났다(학습 2).

로 정의한다. Kimble과 Gamezy(1968)는 학습을 하나의 행동 경향성의 비교적 영속적인 변화이며 강화를 받은 연습의 결과라고 정의한다. 인지론적 입장에서 보면, Wittrock과 Lumsdaine(1977)은 '강화를 받은 연습에 의해서뿐만 아니라 다른 사람의 행동, 모델 또는 시범을 보고 관찰함으로써 학습이 된다. 즉, 외현적 행동의 연습이나 강화가 없이도 학습하며 경험에 대한 지각을 능동적으로 바꿈으로써 학습하며, 여러 사상에 대한 새로운 의미와 해석을 인출함으로써 학습이 일어난다'고 보고 있다. Gagne(1985)는 '학습이란 일정 기간 이상 인간의 성향이나 능력에 변화를 가져오는 현상을 말하며, 이에는 단순한 성장과정에 기인하는 변화는 포함하지 않는다'고 하였다. Hilgard과 Bower(1981)는 '학습을 새로운 행동이 일어나거나 어떤 행동이 변용되는 과정'으로 보았다. 이때 그 행동의 변화특징이 생득적인 반응경향이나 성숙 또는 일시적인 상태, 즉 피로나 약물에 의한 변화는 해당되지 않는다고 하였다. Estes(1975)는 '학습이란 어떤 특수한 상황에서의 경험의 결과로 생기는 행동 또는 행동성향의 체계적인 변화'라고 하였다."(백정현, 한옥주, 2002: 20-21)

29) "학습이 일어나는 과정은 먼저 어떤 객관적인 환경이 있고 이 환경적 조건이나 사태에 대하여 개인이 어떤 모양의 상호작용이나 반응을 나타냄으로써 비교적 주관적인 경험이라는 현상이 발생하고, 이 경험의 결과로 개인에게는 전에 없던 새로운 행동이 나타나거나 이미 있었던 행동양식에 변화가 나타나며 이루어진다. 학습을 직접적으로 결정하는 요소는 중개변수인 경험이고, 여기서 환경은 독립변수이고 이에 따른 결과로 나타나는 학습은 종속변수이다. 그러므로 환경적 조건은 개인의 경험을 통해 비로소 학습에 영향을 미친다."(백정현, 한옥주, 2002: 20-21)

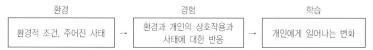

환경		경험		학습
환경적 조건, 주어진 사태	→	환경과 개인의 상호작용과 사태에 대한 반응	→	개인에게 일어나는 변화

30) 질적 데이터 분석은 연역적인 측면을 수반한다. 유형 또는 관련성이 데이터에서 발견됨에 따라 가설 범주들이 형성되며, 그리고 나서 데이터는 이러한 범주들이 전체적인 데이터 세트로 지지되는지를 결정하기 위하여 연역적으로 판독된다(Erickson, 1986 참고). 그럼에도 불구하고, 질적 연구의 전반적인 데이터 분석은 특정한 것에서 분석적 일반화로 옮겨 가는, 명백히 귀납적인 것이다(Lincoln & Guba, 1985).

<표 3> 이야기 구조

환경 1 (맥락적 조건)	환경 2 (인과적 조건)	→	경험 1 (상황)	경험 2 (감정)	→	학습 1 (변화)	학습 2 (이야기)

1) 자연의 경이로움이 들려주는 '존재' 이야기

대자연과 맞닥뜨렸을 때, 정은이는 경이로움을 느꼈다. "되게 신기하잖아요. 보통 사람의 힘으로는 할 수 없는 것들이니까." 이 경이의 감정이 생명과 존재에 대한 물음을 묻게 했다. 여기서 물음은 세 가지다. "자연은 무엇일까?"와 "어떻게 해서 자연이 생겼을까?"와 "어떻게 누가 조정하는 것도 아닌데 이렇게 매일 변할까?"이다. 그리고 존재에 대한 이 세 가지 물음은 창조주에 대한 물음으로 귀결되었다. "천주교에서요. 제가 그냥 맨 처음에 하느님이 만드셨다고⋯⋯아니면 맨 처음부터 그냥 있었든가⋯⋯잘은 모르겠어요." 대자연에서 느끼는 경이로움은 "정말로 하느님 덕분일까?"라는 신의 존재에 대한 물음이 되고 이 물음은 정은이를 인지적으로뿐만 아니라 영적으로도 성장시켰다(연구 노트에서).

<표 4> 정은이의 이야기 구조

환경 1 (맥락적 조건)	환경 2 (인과적 조건)		경험 1 (상황)	경험 2 (감정)		학습 1 (변화)	학습 2 (이야기)
숲은 깨끗한 공기를 제공해 준다는 것 정도밖에 모름 숲에 대해 별로 생각해 보지 않았음 작년은 4학년이라서 많이 놀 수 있었음	뉴질랜드로 유학을 감 숲으로 감	→	대자연과 맞닥뜨림 (새 떼, 바다)	놀람 경이로움	→	자연의 신비로움에 대해 생각함 나는 누구인가를 생각함	자연의 존재, 나의 존재 등에 대해 생각해 보자고 이야기하겠음 참여를 통해 숲에 대해 더 깊이 생각할 수 있었음

정은이의 이야기 제목은 "나무에 대한 나의 생각과 느낌의 변화"
이다. 정은이는 3학년일 때만 해도 나무, 숲 외에도 자연에 대해 잘
몰랐다. 거기에 대해 별로 생각도 해 보지도 않았고, 단지 '나무는 깨
끗한 공기를 제공해 준다'는 사실 정도밖에 아는 것이 없었다.

> 사실 내가 3학년일 때만 해도 나무, 숲 외에도 자연에 대해 잘 몰
> 랐다. 거기에 대해 생각도 별로 해 보지도 않고 단지 '나무는 깨끗
> 한 공기를 제공해 줘' 이 정도밖에 몰랐다.

그러던 정은이는 '작년'에 뉴질랜드로 유학을 다녀왔다. 작년은 4
학년이어서 많이 놀 수 있었기 때문이라고 했다. 즉, 5학년인 지금은
작년만큼 놀 수 없다는 이야기이기도 하다.

> 내가 지금 말하는 일들은 모두 작년에 뉴질랜드로 유학을 갔다가
> 느낀 점이다. 작년에 나는 4학년이었기 때문에 많이 놀 수 있었다.
> 그래서 그 때문인지 놀러 가는 시간도 많아졌다.

그곳에서 바다인지 강인지 알 수 없는 곳에서 정은이는 멈추어 섰
다. 그 광경을 보다가 문득 이런 생각을 하였다. '자연이란 무엇일까?
어떻게 해서 자연이 생겼을까? 정말로 하느님 덕분일까? 그런데 어떻
게 누가 조정하는 것도 아닌데 이렇게 매일 변할까?' 정은이의 마음
속에서 난생 처음 드는 질문들이 용솟음쳐 올라왔다.

> 제가 좀 높은 데 있는 바다, 그런 데를 갔었는데요. 강인가? 그거를
> 보다가요. 누가 조정하는 것도 아닌데 혼자 저렇게 움직이고 파도
> 도 밀물 썰물 이런 것도 달라지고 어떻게 해서 저런 게 생겨났을까
> 그런 생각을 했어요.

이러한 질문은 창조주의 존재에 대한 생각으로까지 발전하기도 했다.

> 천주교에서요. 제가 그냥 맨 처음에 하느님이 만드셨다고……아니
> 면 맨 처음부터 그냥 있었든가……잘은 모르겠어요.

또한, 숲을 한마디로 은유하면 '마술'이라고 했다.

> 되게 신기하잖아요. 보통 사람의 힘으로는 할 수 없는 것들이니까.

정은이는 새 떼들을 가까이서 보았던 이야기에 대해서도 꽤 오랫
동안 진지하게 이야기해 주었다.

> 제가요. 작년에 엄마랑 언니랑요. 산에 올라갔는데요. 차 타고 산에
> 올라갔는데요. 엄마가 잠시 밖에 나갔다 온다고 그러고요. 언니하
> 고 저하고 차에 있었는데요. 밖에 못 보던 새들이 바로 옆에 있는
> 거예요. 그런데 무서워가지고 못 내리다가 계속 엄마 불렀는데 엄
> 마가 못 들으시는 거예요. 그래서 나가 보려고 언니랑 차 열었는데
> 바로 옆에 있어가지고요, 너무 무서운 거예요. 그래서 계속 창문만
> 열고요, 계속 관찰하다가요, 막 소리도 지르고요, 이랬는데요. 산에
> 갔다 오고 나서 그 장면을 생각해 봤었거든요. 그런데 되게 무섭기
> 도 했는데 무서운 거에 비해 재미있는 것도 많았던 것 같아요. (중
> 략) 새를요. 그렇게 가까이서 본 적도 처음이고요. 보통 보면 참새
> 이런 것도 아니고요. 색깔도 되게 예뻤고요. 진짜 처음 보는 것 같
> 은 새들이었거든요. 그리고 제가 산에 많이 안 가는데, 산에 갔
> 을 때 그렇게 산새를 봤다는 게 신기하고, 언니랑 같이 무서우면서
> 재미있었던 게 기억이 남아요.

새 떼들 때문에 차에서 내리지도 못하고 무서워했던 순간을 정은이
는 한마디로 '자연의 주인에 대한 나의 혼란'이라고 표현했다. '자연의
주인은 사람들이 아니고 새들이 아닐까', '그 새들을 무서워할 필요가

없었는데 무서워했던 이유는 무엇일까' 등을 생각하며 혼란을 느꼈다
는 것이다. 정은이에게 숲과의 맞닥뜨림은 무서움이며, 놀람이며, 혼
란이었다.

> 새들은요, 자연을 지키고 자연에서 항상 사니까요, 자연의 주인이
> 라고 생각했는데요. 그 새들을 무서워하니까요. 그렇게 생각하니까
> 요. 혼란이라고 표현을 했어요.

그리고 이러한 경험을 통해 정은이에게는 '나'에 대한 생각의 변화
가 생겼다. '나는 누구인가'에 대한 질문이 생겼고, 이러한 질문은 정
은이의 성장과 자아개념 형성[31]에 영향을 끼칠 것이다.

> 전에는 별로 생각을 안 해 봤어요. 그런데 이런 곳에 많이 갔다 오
> 니까 나는 누구인가 어떻게 태어났는가에 대한 생각을 하게 됐어
> 요. 작년부터요, 갑자기 내가 어떻게 날까? 무엇이 나를 나로 만들
> 었는가? 어떻게 내가 태어나고 느낄 수도 있고 볼 수도 있는가 생
> 각했어요.

정은이는 자신이 느낀 경이로웠던 자연의 모습과 감정을 다른 친
구들에게 이야기해 주고 싶다고 했다. 또 자신에게 생겼던 질문들을
친구들에게 함께 생각해 보자고 하겠다고 했다.

> 제가요, 강(바다)에서 있었다고 했잖아요. 그때 본 모습과 느낌을
> 말해 줄 것 같아요. 그때요, 이런 자연들이 어떻게 생겨나고 누가
> 만들었고 어떻게 이렇게 아름다운 숲이 있고 이런 것을 다시 한 번

---

31) 숲이 아이들의 자아개념의 형성에 긍정적인 영향을 준다는 많은 실증적 연구(Cytryngaum & Ken, 1975;
Porter, 1975; Ewert, 1982; Vogel, 1979; Young & Steele, 1990; Cockrell, 1990; 신원섭, 1996;
Kollner, 1998; 권은희, 2002, 박경희, 2005)가 있다.

생각해 보자고 얘기해 줄 것 같아요.

이 연구에 참여하면서 정은이는 숲에 대해 깊이 생각할 수 있는 기회가 제공되었다는 점과 그 경험을 더 오래 기억할 수 있게 된 점이 좋았다고 했다.

숲에 대해서 이렇게 깊게 생각한 적이 없었는데요. 이렇게 생각하고 쓰고 나니까 더 오래 기억할 수 있고 좋은 것 같아요.

정은이는 경험을 시로 썼는데, 자연은 누구도 흉내 낼 수 없는 놀라운 마술이며, 정신의 영역을 깊고 넓게 확장시켜 준 보석 같은 친구이자 스승이라고 표현했다.

자연은 우리의 친구
자연은 보석 중의 보석
누구도 흉내 낼 수 없는 마술
그리고 자연은 선생님

정은이의 마지막 말은 본 연구의 계기가 되었던 페스탈로치의 말[32]을 떠오르게 한다.

숲은 저절로 깨닫게 하는 거라고…… 진짜 나는 많은 것을 느꼈기 때문이다.

정은이의 경험 이야기는 바이오필리아 가설 중 심미적 가치와 관

---

32) "아이들로 하여금 자연이 바로 진정한 교사라는 것과 당신은 그저 자연을 조용히 산보하는 사람에 지나지 않음을 완전히 깨닫게 하라."(Pestalozzi, 산림청, 2006: 49에서 재인용)

련이 있다. 심미적 가치는 자연의 물리적 매력을 포함한다. 이 요소는 우리로 하여금 자연에 대한 경외감을 갖게 하지만 이는 아름다움에 관한 놀라움 때문만은 아니다. 이는 우리가 아름다운 장미나 석양을 보았을 때, 해변에서 파도소리를 들었을 때 느끼는 감정을 반영한다. 캘럿(Kellert, 2002)은 심미적 가치가 사람으로 하여금 영감과 조화, 평화, 안정감을 얻게 해 주며, 호기심, 상상력, 발견을 자극한다고 하였다. 그는 또한 다른 글(Kellert, 1993)에서 심미적 요소에 대해 산의 풍경에서부터 일몰 중 대기의 색깔(노을), 호흡 중인 고래의 쏜살같은 생명력 등 이런 각각의 현상에서 많은 사람들은 심미적 충격을 받으며, 이는 자주 비현실적인 물리적 매혹 그리고 자연세계의 아름다움에 대한 경외의 감정 또한 동반한다고 설명하였다.

신원섭(2005)은 숲의 심리적 기능이 최근 중요한 학문적 주제로 부상하고 있다면서, 숲의 고적감이 주는 효과에 대해 제시하고 있다. 그에 따르면 인간과 숲과의 교류는, 침묵과 평화, 외롭거나 지루하지 않은 고적감을 통해 인간을 심리적으로 성숙시키며, 따라서 숲은 자신에게 무엇이 중요한지를 깨닫고, 자신이 누구이며 어떤 사람이기를 원하는지에 대한 명상의 기회를 가짐으로써 긍정적 심리변화를 일으킨다. 즉, 숲은 정신적 피로와 근심으로부터 벗어나고 평화와 안식을 얻는 심리적 성숙과정을 제공하며, 우리에게 자연의 경외를 통해 자신의 미약함과 약점을 인정하는 겸손을 가르쳐 준다는 것이다.

숲은 정은이에게 경외의 감정을 포함하는 심미적 경험을 통해 '나'라는 존재와 '자연'이라는 세계, 그리고 나아가 창조주의 존재에 대해 생각하는 기회를 제공하였다. 이러한 경험은 숲이 주는 특별한 경험이며, 이러한 경험을 통해 아이들은 성장한다.

2) '죽음'을 통해 배우는 '생명'의 소중함

서정이는 죽어 있는 동물들을 보고 불쌍함을 느끼고 슬픔을 느꼈고, 이 감정은 작은 것의 소중함, 장애인에 대한 생각으로 이어졌다. 또한 나 자신이 소중하다는 생각, 즉 자아존중감으로 발전했다. 측은지심에서 배우는 것, 측은지심을 배우는 것, 측은지심을 경험하는 것, 우리의 내면에는 측은지심의 씨앗이 있다. 싹이 트면 무성한 잎이 있는 나무로 성장하여 작은 것, 약한 것에 대한 돌봄을 실천하는 데까지 이르고 스스로 자아존중감이라는 열매를 맺는다. 죽음(자연물, 다람쥐의 죽음)을 통해 생명(생명의 소중함, 나의 소중함)에 이르는 역설이다(연구 노트에서).

〈표 5〉 서정이의 이야기 구조

환경 1 (맥락적 조건)	환경 2 (인과적 조건)		경험 1 (상황)	경험 2 (감정)		학습 1 (변화)	학습 2 (이야기)
숲은 이상하고 짜증 나는 곳이라고 생각함	엄마와 아빠가 쉬는 날 숲으로 감	→	죽어 있는 다람쥐를 봄	슬픔, 불쌍함 (측은지심)	→	장애인을 감싸 줘야겠다 나는 소중하다 숲은 소중하다 생명에 대한 존중	잊혔을 기억을 되살림 숲, 장애인, 나를 연결시켜 봄

이 이야기에서 서정이가 강조하고 싶었던 단어는 '생명에 대한 존중'이었으며, 이 이야기가 특별한 이유는 '보통 때는 별로 이런 걸 못 보았고, 이때는 다람쥐가 죽은 걸 보고 너무나 불쌍하게 생각했'기 때문이다. 서정이는 다람쥐가 죽어 있는 것을 보고 불쌍함을 느꼈고, 생명의 소중함을 깨달았다. 서정이에게 숲은 한마디로 '슬픈 일도 많

지만, 아이들에게 경험을 한 번씩 남겨 주는 소중한 공간'이다.[33]

서정이 이야기의 제목은 "불쌍한 다람쥐와 곤충들"이다. 서정이는 3학년 때 설악산에 가족과 함께 올라갔다. 그날은 엄마와 아빠의 쉬는 날이 겹치는 날이었다. 산을 올라가다가 돌 구석에 다람쥐가 죽어 있는 것을 보았다. 그 모습은 서정이를 멈추게 하였다. 그것이 서정이와 숲의 맞닥뜨림의 순간이었다.

> 다람쥐를 너무 귀여워했었다. 우리 가족은 그것을 너무 아쉬워했고, 나는 너무나도 슬펐다. 보아하니 나이도 약간 어리고 몸집이 작아 약한 다람쥐 같았다. 그 다람쥐는 왜 죽었고 하필이면 돌 구석에서 숨졌을까.

이 경험이 서정이가 숲에서 경험한 일 중에서 가장 기억에 남고 특별한 이유는 '슬펐기 때문'이다. 또한 '지금까지 본 것 중에 제일 불쌍하게 느껴졌기 때문'이다. 서정이는 그런 다람쥐를 보고도 그냥 지나쳐 가는 사람들이 매정해 보였다. 서정이가 그 순간을 한마디로 표현한 은유는 '매정한 사람들!'이다.

> 너무 슬프고 죽은 다람쥐가 불쌍하다. 그리고 그런 다람쥐를 봐도 지나쳐 가는 사람들을 보면 정말 매정하고 나쁘다고 느꼈다.

서정이는 인상 깊은 경험을 한 가지 더 이야기했는데, 그 경험 역시 곤충들이 물에 빠져 죽어 있어서 불쌍하고 아쉬웠던 기억이다.

---

33) 본 연구에 참여한 아이들의 이야기 중 야생동물의 죽음과 관련하여 불쌍한 감정을 느꼈다는 이야기는 서정이의 이야기 말고도 2개가 더 있다. 기훈이는 죽어 있는 매미를 청설모가 나무 위에서 바라보고 있는 장면을 이야기했고, 상민이는 사촌동생이 개미를 밟아 죽이는 장면을 이야기했다.

수락산에는 무슨 사람들이 놀 수 있도록 한 강 같은 곳이 있었다. 난 엄마 아빠한테 졸라서 그곳으로 갔다. 하지만 너무 슬펐다. 잠자리, 나비, 그런 곤충들이 물에 빠져 있는 것이었다. 그땐 솔직히 징그러웠는데 지금 생각하면 너무 불쌍하고 아쉽다.

이 경험 이후에 서정이는 아무리 못생기고 이상해도 모든 것을 아껴 주고 사랑해 줘야겠다고 생각했다. 그리고 불쌍한 동물이나 사람이 있을 때는 도와줘야겠다고 생각했다. 장애인 같은 사람들은 좀 뭔가가 짜증나고 그냥 그렇게 생각했는데 그런 사람일수록 감싸 줘야겠다고 생각하게 되었다.

예전에는 개미 같은 거, 작은 거를 밟아도 뭐 별 이상 없겠지라고 밟아 버렸는데 그 경험 이후에는 이렇게 작은 생물도 소중하게 생각해야 되겠다고 느꼈어요.

장애인 같은 사람들은 좀 뭔가가 짜증나고 그냥 그렇게 생각했는데 그 경험 이후에는요. 그런 사람일수록 감싸 줘야겠다고 생각했어요.

자기 자신에 대해서 이전에는 자신감도 없고 그냥 평범한 존재라고 생각했는데 자신감이 생기고 스스로 소중하다고 생각하게 되었다.

숲에는 죽은 생물도 많은데 만약에 그 동물들이 저였으면 좀 너무 아쉽고 인생이 좀 그런 거 같아서 지금 자신이 소중하다고…….

서정이는 다람쥐가 죽어 있는 모습을 보았던 경험이 딱 기억났던 것을 본인 스스로도 의외라고 생각하고 있었다. 본 연구에 참여하여 이야기할 기회가 없었다면 그 경험은 서정이의 삶에서 그냥 잊혔을지도 모른다. 이 경험을 이야기하고 이 경험을 숲, 장애인, 자기 자신

등과 연결시켜 보면서 서정이의 경험은 새로운 의미를 갖게 되었다.

> 그중에서도 경험이 많은데 딱 그 경험이 생각났어요. 정말 그랬어
> 요. 정말 그때가 딱 기억에 났던 거 같아요. 다른 것들도 많은데,
> 그게 굉장히 인상 깊었나 봐요.

> 숲에는 살아 있는 동물과 곤충도 많지만 죽어 있는 동물과 곤충도
> 많으니까 이렇게 작은 생물과 큰 동물들도 모두 다 같이 사랑해 줘
> 야 된다고 이야기하겠어요.

이야기는 숲에서 야생동물인 다람쥐의 죽음을 본 상황에서 시작된
다. 뮤어(Muir)는 아이들의 성장에 죽음만큼 왜곡되고 비루하게 치부
되는 것도 없다면서 사실 천지 만물에서 생명과 죽음은 매우 우호적
이면서도 서로 조화를 이루며 결합해 있는데도 죽음은 늘 생명의 대
적(大敵)인 원죄에 의해 생겨나는 재난이나 피할 수 없는 벌로 인식되
어 왔다고 주장한다. 특히 어린아이들은 이러한 잘못된 인식에 사로
잡혀 있는데, 그 까닭은 죽음의 자연스러운 모습에 대해서 어른들이
아이들에게 전혀 말해 주지 않기 때문이라고 보았다. 따라서 무엇보
다도 어른들은 아이들로 하여금 숲과 초원, 들판과 산, 신성하게 흐르
는 별 속에서 자연과 어울리게 함으로써 삶과 죽음이 혼재된 아름다
움을 보게 하고, 삶과 죽음이 결코 떼어 낼 수 없는 하나라는 사실을
이해하게 해야 한다고 존 뮤어는 주장한다. 그 모든 것은 신의 섭리
안에 있는 하나의 조화일 뿐이라는 것이다(Muir, 장상원 역, 2007).

아이들이 숲에서 경험한 '불쌍하게 여기는 마음'은 '자연에 대한
사랑과 애착'으로서, 바이오필리아 가설의 휴머니즘적 요소와 연결된
다. 캘럿(Kellert, 2002)은 이 요소는 자연과 사람을 결속시키며, 애완

동물, 식물, 자연의 어떠한 요소와도 관계를 맺을 수 있도록 하며, 친밀감, 동료애, 이타성, 신뢰, 사회성 증진과 관련 있고, 자신감과 자아실현을 발달시키는 기제가 된다고 하였다.

또한 맹자는 인간은 태어날 때부터 선한 마음의 싹을 가지고 태어난다고 하면서, 그것을 사단(四端)이라고 불렀다. 사단은 사람의 감정을 넷으로 분류한 것이며, 그 넷 중 측은지심(惻隱之心)은 남의 불행을 나의 불행처럼 느끼는 마음인데, 맹자는 이 감정이 싹에 불과하기 때문에 이 감정을 키워야 한다("養其性", 「진심 상」1)고 하였다(이혜경, 2008). 본성 키우기를 나무 키우기[34]에 비유하면서, 본성은 싹이고, 그것이 울창한 나무로 자랐을 때 그것을 인의예지의 덕이라 부르며, 그 성장 정도에 따라 사람들의 인격이 달라진다고 하였다(이혜경, 2008). 또한 제사에 끌려가는 소를 보고 연민의 마음을 느껴 양으로 바꾸라고 했다는 제나라 선왕의 일화[35]를 통해 이 측은지심은 어떤 사태 앞에서 순간적으로 움트며, 보지 않은 것에 대해서는 측은지심을 느끼기가 어렵다고 하였다(이혜경, 2008).[36]

바이오필리아 가설의 휴머니즘적 요소나 맹자의 측은지심은 숲에서 다람쥐가 죽어 있는 모습을 보고 순간적으로 움튼 불쌍하고 슬픈

---

34) 오동나무와 가래나무의 묘목을 기르려고 한다면 누구나 그것을 어떻게 기르는지 안다. 그런데 자기 자신에 대해서는 자신을 기르는 방법을 알지 못한다. 어떻게 자신을 사랑하는 것이 오동나무나 가래나무만도 못한가? 너무나 생각을 안 하는구나! (「고자 상」13)(이혜경, 2008에서 재인용)

35) 왕께서 소와 양을 차별하신 것은, 소는 직접 보았지만 양은 보지 못했기 때문입니다. 군자가 금수를 대할 때, 살아 있는 모습을 보고서는 차마 그것이 죽어 가는 것을 보지 못하며, 애처롭게 우는 소리를 듣고서는 차마 그 고기를 먹지 못합니다. 그래서 군자는 주방을 멀리 하는 것입니다(「양혜왕 상」7)(이혜경, 2008에서 재인용).

36) 이혜경(2008)은 맹자의 측은지심을 설명하며 감정의 중요성을 다음과 같이 정리하였다. "이 세상에 어떤 것이 소중하다면 그것은 내 감정이 그 대상을 바라보고 그 대상에 적절한 관심과 사랑을 베풀었기 때문이다. 즉, 내 감정이 그것에 의미를 부여하고 그것을 가치 있는 것으로 만든다. 그러므로 나의 감정은 세상을 창조해 가는 힘이다. 내 한 줌 마음속에 자리 잡은 내 감정이 바로 그런 존재이다."

감정이 서정이의 성장에 어떻게 영향을 미치는지를 이해하는 데 도움을 준다.

3) 동화책과 '다른' 숲에서 동화책 '같은' 숲으로

아이들은 대부분 동화책에서 숲 속 동물들을 처음 만난다. 즉, 아이들은 숲을 상징적 경험을 통해 더 먼저 만난다. 숲 속의 토끼, 호랑이, 다람쥐, 사슴, 노루 등 동화책 속 동물들은 대부분 의인화되어 있고, 아이들에게 들려주고 싶은 이야기들은 동물들을 주인공으로 삼아 들려주고 있다. 그러니까 아이들이 숲을 동물들이 사는 곳이라고 생각하는 것은 자연스러운 일이다. 그러나 지혜가 6살 때에 소풍을 갔던 산에는 동물들이 없었다. 기대는 실망으로 변하고, '동화책을 만든 사람이 거짓말을 쳤을까?' 하고 생각하기도 했다. 사실 깊은 산골이 아니고서는 산에서 토끼나 노루를 본다는 게 어려워진 것이 현실이다(연구 노트에서).

〈표 6〉 지혜의 이야기 구조

환경 1 (맥락적 조건)	환경 2 (인과적 조건)		경험 1 (상황)	경험 2 (감정)		학습 1 (변화)	학습 2 (이야기)
동화책에서 처음 숲을 접함 동화책의 야생동물을 볼 수 있다는 기대감을 가짐	가족과 함께 소풍을 감 숲으로 감	→	동화책으로 본 숲과 현실의 숲이 다름	실망함	→	애완견을 책임지고 돌봄 친구들과 환경에 대한 얘기를 많이 함 환경에 대한 책을 많이 읽음	동물을 소중하게 대하고 환경을 보호하자고 설득하겠음 잊고 있던 기억을 되살려 주고, 동물들을 소중하게 다루어야겠다고 마음먹음

지혜 이야기의 제목은 "동화책 속의 숲과 다른 숲"이다. 지혜는 7

살 때 가족들과 함께 산으로 처음 소풍 갔던 기억을 이야기했다. 그 때 지혜는 동화책에서 보았던 동물들을 눈앞에서 볼 수 있을 거라는 기대에 잔뜩 부풀어 있었다.

> 나는 산에 간다는 말에 기대에 잔뜩 부풀어 있었다. "드디어 산에 도착했다!" 나는 소리쳤다. 동화책처럼 산에 다람쥐랑 노루와 사슴 을 보겠구나, 기대를 하고 산을 오르기 시작했다. 무섭지만 호랑이 도 보고 싶었다.

그러나 지혜의 기대는 현실의 숲과 맞닥뜨렸을 때 여지없이 무너 졌다. 7살짜리 지혜가 본 현실의 숲은 낯선 곳이었다. 지혜는 이야기 에서 가장 강조하고 싶은 단어로도 '낯선 숲'을 골랐다.

> 내가 가장 보고 싶어 하는 용맹스러운 동양계의 왕 호랑이뿐만 아 니라 늘씬한 눈망울이 예쁜 암사슴 등 귀여운 총총거리는 다람쥐 가 없을 뿐만 아니라 포장된 도로에 차가 달리고 있는 그 순간, 나 는 힘이 쭉 빠지고, 실망스러워하고 매우 숲이 낯설게 느껴졌다.

지혜의 기대는 혼란과 실망으로 바뀌었다. 동물들은 보이지 않고 자동차만 다니는 숲은 지혜가 그토록 꿈꾸던 동화책 속의 숲이 아니 었다. "'해님과 달님', '흥부와 나무꾼', '호랑이의 은혜'에 나오는, 폭 포가 쏟아지고 나무가 울창하고 동물들이 어우러져" 사는, 그런 숲이 아니었다.

> '동화책을 만든 사람이 거짓말을 쳤을까?' 하고 생각하기도 했고, '동물들이 부끄러워서 숨은 걸까?' 하고 생각하기도 했다. 이런 것 때문에 나는 약간 실망을 했다. 동물들이 나를 반겨 주지 않아서라 고 말이다. '동화책 속의 숲이 맞는 걸까? 숲에는 왜 동물들이 없고

나무들만 있지?' 하고 생각했다. 그리고 '왜 숲 속에 차가 지나갈
까? 동화책 속의 숲 속에는 차가 없었는데……'하고 궁금해했다.
내가 꿈꾸던 숲이 아니었다.

지혜는 이 경험이 특별한 이유로 '동물의 소중함을 알려 주었기 때
문'이라고 했다. 이 경험을 통해 숲에 대한 생각이 변한 것이 있느냐
는 질문에 지혜는 자신이 키웠던 애완견 이야기를 꺼냈다. 그 경험
후로 동물을 더 소중하게 여기게 되었고, 책임감을 갖게 되었다는 이
야기였다.

> 제가 애완견이 한 마리 있는데요. 원래는 엄마가 사료 같은 거 다
> 챙겨 주시고 그랬거든요. 그런데 그 후로는 제가 책임을 졌어요.
> (중략) 좋아하는 건 아닌데 동물을 소중하게…….

지혜가 현실의 숲에서 느낀 실망의 감정은 이후에 현실의 숲을 동
화책 속의 숲처럼 바꿔 보겠다는 의지로 변했다.

> 그 후로부터 5년 뒤에, 지금 내 이야기를 쓰면서, 다시 가족들과 함
> 께 숲에 갔던 철부지 7살의 내가 떠오른다. 이 경험을 통해서 나는
> 그 동화책 속 숲이 다시 살아나게 될 거라고 여기서 생각한다. 그러
> 기 위해선 너무나 많은 손길이 필요하다. 그래도 한 사람의 노력이
> 차곡차곡 쌓이면 동화책 속 숲이 완성될 것이다. 나도 그런 숲, 즉
> 동화책 속 숲을 만들기 위해서 조금이나마 노력할 것이다. 동화책
> 속 숲을 거닐고 싶다~.

캘럿(Kellert, 2002)은 자연 접촉 방법의 다양성이 갖는 기능적 균형
의 필요성과 함께, 아이들의 직접적인 자연 체험이 감소됨으로써 발
생할 수 있는 영향 등을 지적하였다. 그에 따르면, 아이들의 상상과

환상을 통한 자연 경험은 오감을 통한 직접 접촉만큼이나 중요하다. 아이들이 이야기, 신화, 꿈에서 접촉하는 자연은 직접적인 경험과 마찬가지로 발견, 창조, 기쁨, 호기심, 모험, 놀라움과 같은 감성적 기회들을 제공하기 때문이다. 그러나 상상과 대리 체험을 통해 경험하는 자연 세계는 평범한 일상의 실제 세계와 제대로 균형을 이루지 못하면 감정적으로 제 기능을 못할 수 있다. TV나 동화책 등을 통한 대리 경험, 또는 상징적 경험은 자연 세계와의 신체적인 접촉 없이 일어난다. 이러한 경험을 통해 아이들이 만나는 자연은 묘사 혹은 서술된 자연으로서, 이것은 매우 사실적일 수도 있지만, 경우에 따라서는 매우 상징적이거나 비유적일 수도 있다. 이와 관련하여 현대 사회에서 우려되는 특징 중의 하나는 많은 아이들이 자연을 직접적으로보다는 상상을 통해 경험한다는 것이다. 오늘날 문제가 되는 것은 대체 이미지의 확산과 전례에 없었던 기술, 즉 매스 미디어를 통해 양산되는 자연의 이미지일 것이다. 자연과 아이들의 관계에 관심을 갖고 있는 학자들(Nabhan & Trimble, 1994; Pyle, 1993; Orr, 1999; Pyle, 1999)이 진정으로 걱정하는 것은 도시와 교외에 거주하는 아이들의 야생 자연과의 접촉은 점차 사라지고, 아이들은 점점 더 많은 시간 동안 인공적이고 상징적인 것들과 만난다는 것이다(Kellert, 2002).

한편 캘럿(Kellert)은 바이오필리아 가설의 도덕적(moralistic) 가치에 대하여 자연에 대한 윤리적이고 정신적인 공감을 수반하고, 사람들로 하여금 자연에 대한 소속감과 공경심을 갖게 된다고 설명한다. 이 도덕적 가치는 숲과 맞닥뜨림 이후에 애완견을 책임지고 돌보게 되고, 동화책 속의 숲을 만들기 위해 노력하게 된 지혜가 자연에 대해 가지게 된 가치라고 할 수 있다.

4) 하나 되는 즐거움을 통해 확인하는 자연과 인간의 '관계'

찬이는 숲을 '마음속'이라고 비유했다. 마음속에 있는 모든 마음들이 각각 나름대로 가치를 가지고 있듯이 숲 속에 있는 모든 것들도 다 나름대로 가치를 가지고 있으니까 '숲'은 '마음속' 같다는 얘기다. 또 찬이는 마음속과 숲 속의 공통점에 대해 설명하면서 '관계'에 대해서 이야기를 이어 갔다. "그 마음 하나하나도 관계가 있잖아요. 그러니까 나쁜 마음 때문에 또 다른 마음이 생겨나기도 하고 그러잖아요." 그날 만났던 많은 생물들과의 만남은 찬이가 '관계'의 개념에 대해 생각해 볼 수 있는 계기가 되었다(연구 노트에서).

〈표 7〉 찬이의 이야기 구조

환경 1 (맥락적 조건)	환경 2 (인과적 조건)		경험 1 (상황)	경험 2 (감정)		학습 1 (메타포)	학습 2 (이야기)
원래 곤충을 무서워하고 싫어함	외할아버지를 뵈러 감 외할아버지 사무실에서 숲이 가까움 숲으로 감	→	사마귀와 인사함	친근함, 귀여움	→	숲은 마음속임 관계(서로서로 얽혀 있는 것들) 왕이 된 기분 곤충 마니아를 이해하게 됨	곤충은 무서운 게 아님 즐거웠던 전날을 되새기는 것 같아 기분이 좋음

찬이의 이야기 제목은 "강원도 산골의 숲 속에서"이다. 매년 그렇듯 4학년 여름방학 때도 강원도 양양에서 일을 하시는 외할아버지를 뵈러 갔다. 외할아버지 사무실에서 걸어서 5분 정도 가면 시냇물이 흐르는 숲이 나오는데, 가족들과 함께 그곳에서 하루를 보냈다.

외할아버지가 산 공사를 하세요. 산 다듬고 이런 거 공사를 하시는데 멀리 계시니까 놀러도 갈 겸해서 항상 놀러 가는데 제일 기억에 남는 게 이 4학년 여름방학 때예요.

이날 곤충을 싫어하고 무서워했던 찬이는 사마귀와 두 번 만났다. 첫 번째 만남은 돌계단에서 처음으로 사마귀를 봤을 때인데 사마귀가 너무 무서웠다.

　　같이 일하시는 분들이 자주 다니셨는지 돌계단이 있었다. 먼저 계
　　단에서 사마귀를 만났다. 나는 곤충을 싫어한다. 처음 사마귀를 보
　　았을 때 너무 무서웠다.

하지만 숲 속에서 하루를 보내는 동안 찬이와 곤충 사이의 관계에 변화가 생겼다. 지저귀는 새들과 다람쥐를 만나고, 시냇물에서 물수제비를 뜨고, 오빠와 함께 물고기도 잡으며 재미있게 놀며 보낸 숲 속의 하루를 찬이는 자세히 이야기해 주었다. 숲 속 생물들과 함께 지낸 행복했던 하루였다. 숲은 집처럼 편한 느낌이었고 숲 속의 모든 생물들이 친구 같았다. 바위에서 넘어져 무릎이 까졌어도 좋은 추억의 상처로만 생각되었다.

　　시냇가에 발을 담그고 여기저기 몸을 숨기고 지저귀는 새들과 다
　　람쥐 덕분에 곤충이 안 무서워졌다. 우리 가족들과 함께 했는데 위
　　로 조금 올라가면 물이 많이 고여 있어 얇은 돌을 모아 수제비 뜨
　　기도 했다. 내 다리 위를 꼼지락 꼼지락 기어오르는 개미 역시 귀
　　여웠다. 밖에 나왔지만 집처럼 편한 느낌이었다. 시냇물은 아주 맑
　　았다. 속이 훤히 보여 오빠와 물고기도 잡고 아주 재미있게 놀았다.
　　바위 위에 붙어 있는 이끼랑 아주 조그만 곤충들과 인사했다. 하지
　　만 물속에 있는 바위에 이끼가 있어 넘어지기도 했다. 무릎이 약간
　　까졌지만 좋은 추억의 상처인 것 같다. 난생 처음 보는 생물들인데
　　도 오래전부터 알았다는 듯이 모두와 친구를 했다.

숲의 풍경 또한 신비롭다는 감정과 함께 찬이의 기억 속에 인상 깊

게 자리 잡았다. 예전에 아름답다고 느꼈던 인공적으로 만들어 놓은 석상과 숲의 바위에 새겨진 무늬를 비교하며 자연이 만들어 낸 무늬는 아름다운 것은 물론 환상적이고 신비롭기까지 하다고 느낀다.

> 인공적으로 만들어 놓은 석상을 본 적이 있다. 너무 아름다웠다. 숲에서 바위에 새겨진 무늬들을 보았다. 나는 생각했다. 인공적인 석상을 보고 아름답다고 했던 내가 마치 바보가 되는 듯했다. 자연이 만들어 낸 무늬는 아름다운 건 물론, 환상적이고 신비로웠기 때문이다.

숲에서 하루를 보내고 돌아가면서 찬이는 돌계단에서 사마귀를 다시 만났다. 찬이는 이 두 번째 만남에서는 사마귀가 더 이상 무섭지 않았다. 오히려 귀엽다고 느껴졌다. 찬이는 사마귀와 눈높이를 맞춰 "아까는 미안했다"고 인사를 했다.

> 마지막으로 숲과 이별하려고 돌계단에 이를 때 아까는 무서워했던 사마귀가 놀고 있는 게 보였다. 그래서 사마귀와 아까는 미안했다고 하며 눈높이를 맞춰 인사하고 나왔다.

이날의 경험을 통해 찬이는 곤충 마니아들을 이해하게 되었다고 했다. 곤충에 온통 신경을 빼앗길 만큼 관심을 가진다는 것이 특별한 일이 아니라 자연스러운 현상이라는 생각을 했다고 한다. 이러한 찬이의 이야기는 인간의 마음속에는 본래 자연을 사랑하는 마음이 있으므로 자연(물)에 마음이 끌리는 것은 자연스러운 현상이라는 '바이오필리아 가설'의 의미를 떠올리게 한다. 자연주의적 가치는 자연에의 긴밀한 접촉과 집중을 표현하는데, 캘럿(Kellert)은 이를 자연과의 직접적이고 친숙한 경험과 접촉으로 인해 얻는 매력과 만족이라고 정의하였다. 자연주의적 요소는 자연세계의 탐험에 대한 강한 호기심과 충동을 포함하며, 이 가치에서 발생하는 이득은 모험심, 탐구력, 상상력 등이다. 또한 자신감과 자의식을 기르고, 시·공간적 자각을 강화함으로써 더욱 차분해지는 것도 포함된다.

> 곤충 마니아들 있잖아요. 그 사람들이 되게 특별하고 일반 사람들하고는 생각이 다른가 했는데 저도 곤충들한테 관심을 가지니까 그게 특별한 게 아니고 자연스러운 거구나 하고 생각을 하게 되었어요.

또한, 찬이가 한마디로 표현한 숲에 대한 은유는 '마음속'이었다. 찬이는 숲을 그렇게 표현한 이유를 "먹이사슬과 공생, 기생, 너무나도 많은 생물들의 관계, 그 관계들이 마치 마음속에 있는 여러 가지 생각들이 얽힌 것과 같다고 생각했기 때문"이라고 했다. 정리하면 '다양성의 공존'이 숲 속과 마음속의 공통점이라는 게 찬이의 생각이었다.

> 마음속에는 다양한 마음이 있잖아요. 나쁜 마음도 있고 우정도 있고 사랑도 있고. 다 있어요. 숲에도 다 있잖아요. 공기도 있고 나뭇잎도 있고. 그런 것 때문에……그러니까 마음속에서도 각각 마음들을 버리면 안 되잖아요. 그거 나름대로 생각을 해야 되잖아요. 그런데 거기 있는 것도 그거 나름대로 생각을 해야 된다고 생각했어요.

찬이는 숲에서 '나'에 대해 생각의 변화를 경험했다고 했다. 에워트(Ewert)는 숲이 주는 자아개념 증진에 대해 언급하면서 숲을 '블랙박스'라고 표현했다. 숲이 자아개념 증진에 주는 효과는 분명한데 그 효과가 왜, 그리고 어떻게 나타나는지에 대해서는 충분히 알지 못하기 때문이다(신원섭, 2003). 찬이의 이야기는 숲이 자아개념 증진에 주는 효과에 대한 또 다른 예화라고 할 수 있을 것이다.

> 숲에 가기 전에는요, 내가 너무 작고 초라해 보였는데요. 숲에 가 니까요. 왕이 된 기분 있잖아요. 숲이 넓으니까 시원하게 뚫리면서 온 세상이 다 환해 보이고…….

찬이는 곤충을 싫어하는 다른 아이들에게 곤충은 '무서운 게 아니라'는 것을 알려 주고 싶다고 했다. 그건 그날 숲 속에서 찬이가 몸소 체험한 분명한 변화였다.

> 곤충을 싫어하는 애들한테, 무서운 게 아니라고.

이 연구에 대해서는 그때의 즐거운 일을 다시 떠올리게 되어서 좋았다고 했다. 즉, '숲'은 찬이에게 즐거움을 주었고, '이야기'는 찬이에게 그날의 즐거움을 다시 생각나게 했다.

> 그 전날을 되새기는 것 같아서 되게 좋았어요. 그때가 되게 즐거웠 거든요. 그래서 그 즐거운 일을 계속 생각하니까 다시 즐거운 마음 이 생각나가지고.

찬이가 숲에서 경험한 '나'에 대한 생각의 변화는 숲은 '마음속'이라는 은유와 결합되어 한 편의 시로 표현되었다. 찬이가 지은 시 '새로운 나'는 숲이 아이들의 성장에 끼치는 영향을 새롭게 확인시켜 주었다.

내가 초등학교 4학년이었을 때의 일입니다.
여름방학이 된 지 며칠이 지나 가족들을 따라 강원도 양양에 놀러
갔습니다.
할아버지가 그곳에서 일하셨기 때문이죠.
숲 속에서 난 눈에 보이지 않는 누군가를 만났습니다.
그 누군가는 나랑 생김새가 같았습니다.
하지만 마음, 생각은 아니었습니다.
도시에서 자라 칙칙한 나와는 달리 나와 생김새가 같은 그 사람은
맑고 생기 있어 보였습니다.
난 그 사람은 특별한 곳에서 먹고 자란 줄로만 생각했습니다.
분명히 나는 시설 좋고 살기 편한 곳에서 자랐는데 칙칙하고 생기
가 없지만 그 사람은 나보다도 생기 있어 보이니까.
그런데 뜻밖이었습니다.
그 사람은 내 마음속에서 자라고 있었던 것이죠.
그때 난 알았습니다.
내 마음속에서 깨끗하고 생기 있는 내가 자라고 있다는 것을.
지금 역시 다른 내가, 새로운 내가 자라고 있을 겁니다.
그때 그 사람은 새로운 나였으며, 앞으로도 나는 새로운 나를 더
찾아야 하고, 그럴 것입니다.

  생태계의 다양한 관계로 얽혀 있는 숲은 찬이로 하여금 '관계'에
대해 새로운 눈을 뜨게 하였다. 찬이는 이 경험을 통해 자신이 더 큰
세상, 자연의 한 부분이라는 사실을 깨닫고, 모든 살아 있는 것들과
자신이 연결되어 있음을 알게 되었다(Borin, 2005).

5) 숲의 '위험'은 '안전'을 위한 백신

  지윤이는 숲을 한마디로 '어린이들의 놀이터'라고 했다. 숲은 '위험
한 상황에서 빠져나가는 법'을 가르쳐 줬고, 그렇듯 숲은 위험하지
만 재미있고 색다른 경험을 갖게 하는 곳이라고 했다. "나무뿌리가
많아져서 넘어질 뻔한 것이 한두 번이 아니었다. 게다가 길옆에는
완전한 낭떠러지여서 여간 무서운 게 아니었다." 그런데 바로 뒤에

이어 하는 말은 "하지만 그렇기 때문에 더 재미있었다"이다. "위험하지만 재미있고 색다른 경험을 갖게 했어요." 놀이터는 모험의 장소가 되기도 한다. 숲은 아이들에게 모험의 놀이터다. 모험의 놀이터에서 지윤이는 '조심성'과 '우정', '독립심'과 '체력에 대한 자신감'을 배웠다. 숲은 지윤이에게 난관을 혼자서 이겨 내야 하는 상황을 제공했다. 그 어려움을 이겨낸 후 지윤이는 용기와 자신감을 배웠다. 숲은 용기와 자신감을 배우는 교실이었다. 인류는 자연환경을 극복하며 발전해 왔다. 숲에서 겪은 고난은 일상의 삶에서 어려움이 닥쳤을 때 이겨 낼 수 있는 힘을 주었다(연구 노트에서).

〈표 8〉 지윤이의 이야기 구조

환경 1 (맥락적 조건)	환경 2 (인과적 조건)	경험 1 (상황)	경험 2 (감정)	학습 1 (변화)	학습 2 (이야기)
부모님께 의지를 많이 함	엄마의 권유로 대나무 숲에 체험학습을 감 숲으로 감	나무뿌리에 걸려 넘어질 뻔함 발목에 거미줄이 들러붙음	무서움 (짜증남)	숲에서는 조심해야겠다 고 생각함 운동을 더 많이 하게 됨 자립심이 생김 가족의 소중함을 깨달음	숲이 무서움 생각을 이야기하는 것이 재미있음

지윤이 이야기의 제목은 "대나무 숲에서"이고, 가장 강조하고 싶은 단어는 '낭떠러지'와 '위험'이다. 지윤이는 낭떠러지가 있는 대나무 숲에 대해 이야기했다.

그때 아빠와 같이 그 좁은 길을 걸어가고 있었는데 나무뿌리에 걸려서 넘어질 뻔했는데 밑을 내려다보니 낭떠러지여서 굉장히 무서웠어요.

지윤이는 엄마를 따라 체험학습을 하러 담양 대나무 숲에 갔다. 부모의 선택은 아이들이 숲을 경험하는 데에는 영향을 끼친다.

> 체험학습으로 갔는데, 엄마께서 대나무 보는 것도 괜찮을 거라고 해서 대나무 심어 놓고서 체험장처럼 되어 있는 데를 가족들이랑 같이 갔어요.

거기서 지윤이는 '추억의 샛길'이라는 좁은 길을 가게 되었다. '그쪽 길은 딱 길만 만들어 놨고 대나무 잘라 놔서 나무뿌리도 많고 둔치도 있고 그래서 좀 걸려 넘어지기 쉬운' 길이었다. 나무뿌리에 걸려 넘어질 뻔한 순간, 밑을 내려다보니 그곳은 낭떠러지였다.

> 주춤주춤 걸어가다 보니 길이 점점 내리막길이 되어 있고 나무뿌리가 많아져서 넘어질 뻔한 것이 한두 번이 아니었다. 게다가 길옆에는 완전한 낭떠러지여서 여간 무서운 게 아니었다.

지윤이 이야기에는 낭떠러지에서 벗어난 후 풀밭에서 발목에 거미줄이 들러붙었던 기억으로 이어진다. 이 경험 역시 지윤이에게 숲은 무섭고 짜증나는 곳이며, 피해야 할 것들이 있는 곳이라는 생각을 하게 했다.

> 풀밭같이 된 데요. 잔디밭같이 그쪽에 한옥이 있었고 그때가 여름이니까 긴 바지를 안 입잖아요. 더워서. 그런데 발목에 실 같은 거 물에 젖은 실 붙은 느낌 있잖아요. 그런 느낌이 나가지고 좀 짜증이 났는데, 엄마에게 물어보니까 거미줄 붙은 거라고 해서 놀랐어요. (중략) 예전에는 거미줄을 그렇게 싫어하지 않았는데 그때 이후로는 징그러워하고 피하고 그래요.

그런데 주목할 점은 지윤이의 이야기가 '숲은 무서운 곳이다'라는 데서 끝나지 않는다는 점이다. 지윤이 이야기의 결론은 '숲은 무섭지만 그렇기 때문에 더 재미있다'는 것이다. 경험이 특별한 이유도 '지금까지 간 체험학습 중 제일 재미있었기 때문'이라고 했고, 숲을 한마디로 표현하면 '어린이들의 놀이터'라고 했다.

길옆에는 완전한 낭떠러지여서 여간 무서운 게 아니었다. 하지만 그렇기 때문에 더 재미있었다.

위험하지만 재미있고 색다른 경험을 갖게 했어요.

아주 즐거운 체험학습이었다(지금까지 간 것 중).

결론적으로 지윤이 이야기 속의 숲은 위험하고 무서운 곳이지만, 아이들이 극복할 수 있을 정도의 적당한 위험이 존재하는 곳이다. 지윤이의 이야기에서는 자연에 대한 부정적 가치를 발견할 수 있다. 캘럿(Kellert)에 따르면, 바이오필리아 요소 중 부정적(Negativistic) 가치는 자연에 대한 회피, 두려움, 거부 등을 반영한다. 이 요소는 우리로 하여금 자연의 힘을 알게 하고, 자연이 지니고 있는 힘이 때로는 우리를 해칠 수 있음을 알게 한다. 이 가치의 기능적 이득은 해(害)와 부상을 피하고 위험과 불확실성을 최소화시키며, 자연에 대한 겸손함과 자연의 파괴력을 인식함으로써 자연을 경외하는 것 등이다. 이 경험 이후에 지윤이는 자연 앞에서 겸손해졌다.[37] 또 그 이후로 운동을 더

---

37) 아이들의 이야기 중에서 유사한 예를 또 찾아볼 수 있다. "거의 산 중턱쯤 왔을까? 비가 갑자기 쏟아지는 것이다. 그래서 가족들이 모두 산 아래로 모자를 쓰고 뛰어 내려갔다. 그러다가 나무줄기에 어깨를 부딪치기도 하고 걸려 넘어지기도 하면서 겨우겨우 내려왔다. 그래서 그때부터 비가 올 기미가 보이는 날엔 산에 가지 않게 되었다."(이지섭, 숲에 간 날)

많이 하게 되었고, 자립심이 생겼다.

> 숲에서 옛날에는 위험하지 않고 막 뛰어다녀도 되고 그냥 이리저리 돌아다녀도 된다고 생각했는데 나무뿌리도 많고 낭떠러지 같은 것도 있어서 조심해야겠다고 생각하고, 별로 돌아다니지 않은 것 같아요.

> 그 이후로 운동을 더 많이 하게 되었어요. 예. 달리기 같은 것을 좀 더 빠르게 할 수 있고요.

> 옛날에는 부모님한테 넘어지려고 그러거나 그럴 때 의지를 많이 했는데요. 요즘에는 거의 그러지 않고 혼자 안 넘어지려고 버둥거려요.

숲에서 겪은 고난은 가족의 소중함을 깨닫는 계기도 되었다. 감사의 마음은 어려움을 겪을 때에 생겨난다.

> 예전에는 동생이 괴롭히고 말도 안 듣고 그래서 좀 미워했는데 낭떠러지 나와 가지고 보니까 반갑고 생각보다 착한 일도 많이 하는 것 같아요.

세바(Sebba)는 자연의 주목하지 않을 수 없는 특징으로 자연 환경의 자극은 통제되지 않은 힘으로 감각들을 급습하는 것을 꼽았다(Kellert, 2002). 그러나 아이들은 도시 환경에 둘러싸여 있어서 자연환경이 주는 시각, 청각, 후각, 촉각의 자극이 주는 다양성을 느끼지 못하는 경우가 많다. 또한 세바는 자연 환경은 계속적인 자극의 변화에 의해 특징지어진다고 하였다(Kellert, 2002). 인간이 창조한 환경과 비교할 때 야외 환경은 경계와 주의가 요구되는 불안정성이라는 특징을 가지며, 아이들이 직면하는 이러한 변화는 종종 예측하기 어려울 뿐 아니라 때로는 예측이 불가능하기도 하여 문제해결 능력을 필요로 한다는 것이다. 지윤이의 숲에서의 경험은 자연이 인간을 해칠 수도 있지만 한편으로는 위험과 불확실성을 최소화시키려는 노력을 하게 함으로써 문제해결 능력을 키워 줄 수 있다는 사실을 확인시켜 준다.

6) '나'뿐만 아니라 '너'의 존재를 인정하는 것

준원이는 숲 속에서 친구들과 함께 텐트 치고 뛰어놀고 이야기하며 우정이 돈독해졌다고 했다. 친구에게 조금 더 먼저 배려할 줄 아는 마음이 생겼고, 평소에 화를 잘 내는 편인데 숲에 가니 화가 안 나는 것 같았고, 기분이 정말 좋았고, 차근차근 친구들을 챙겨 나가게 되었다고 했다. 숲은 마음을 다스리는 것 같다고 했다. 처음에는 나만 중요하고 남은 중요하지 않다고 생각했는데 그때의 경험 이후에는 남도 소중하다는 것을 깨달았다고 했다. 배려는 남을 생각할 줄 아는 마음이다. 누구나 소중하게 여기는 것에 대해서는 마음을 더 쓰게 된다. 시간을 더 들여 생각하게 된다. 기다려 주게 된다. 기분이 좋고 마음에 여유가 생기면 기다려 주게 되고 너 그러워진다. 친해지면 마음을 쓰게 되는데 숲에서 특별한 만남은 추억을 만들어 주고 우정을 만들어 준다. 배려는 거기에서부터 나온다(연구 노트에서).

〈표 9〉 준원이의 이야기 구조

환경 1 (맥락적 조건)	환경 2 (인과적 조건)		경험 1 (상황)	경험 2 (감정)		학습 1 (변화)	학습 2 (이야기)
숲에 가 본 적이 없음	스카우트에서 캠프를 감		숲 속의 캠프장에 들어섬	설렘, 기분이 좋아짐		화가 나지 않음	숲은 꼭 한 번 가 봐야 하는 곳
친구들과 함께 가는 것이라서 특별	숲으로 감	→			→	친구들을 배려하게 됨	다시 기억하게 됨
평소 화를 잘 냄						우정	숲에 또 가고 싶음

준원이 이야기의 제목은 "자연캠프"다. 준원이는 숲을 한마디로 '우리의 마음'이라고 표현했다. '숲은 마음을 잘 다스리는 것 같고, 엄마같이 생각을 바꿔 갈 수도 있고, 기분이 좋아지'기 때문이다.

> 숲은 마음을 잘 다스리는 것 같고. 엄마같이 생각을 바꿔 갈 수도
> 있고요. 그리고 기분이 좋아지니까.

스카우트에서 뒤뜰야영 대신 숲으로 자연캠프를 가게 되었다. 스카우트 뒤뜰야영은 원래 학교 운동장에서 하는 것인데 주변이 시끄럽다고 해서 캠프를 가게 된 것이다. 준원이에게 이 경험은 '숲에 처음 가 보는 거고, 친구들과 함께 가는 거라서 특별'했다.

> 스카우트에서요. 봄인가? 그때 뒤뜰야영으로요. 원래 학교 운동장
> 에서 하는 것인데 주변 시끄럽다고 해서 자연캠프를 뜻밖에 갔는
> 데요.

숲 속에 들어가기까지 많이 걸어서 힘들었지만 자연캠프장 안에 들어가면서 산의 공기를 내쉬니 마음도 안정되었다. 준원이는 그때의 감정을 '좀 설렜고, 설렜지만 기분이 좋아지는 것 같고. 평소에 화가 잘 나는 편인데 거기 와서는 화가 안 나는 것 같았고, 정말 기분 좋았'다고 했다.

> 친구가 장난……저한테 이렇게 툭툭 치면요. 제가 너무 화를 잘 내
> 는 편이라서……짜증을 내고 어떨 때는 욕설을 할 때도 있는데 그
> 때는 조금씩 그걸 배려를 하면서 차근차근 친구를 더 챙겨 나가는
> 것 같고……그러는 것 같았어요.

준원이는 몇 번씩 '배려'라는 단어를 강조했다. 숲에서의 경험은 '나'뿐만 아니라 '너'의 존재를 인정하는 것, 나도 중요하지만 다른 사람도 중요하다는 생각으로 이어졌으며, 이러한 변화는 나아가 다른 사람에 대한 진정한 존중으로 발전하는 바탕이 되는 것이다.[38]

> 저는 처음에 남이 중요하지 않고 저만 중요하게 생각했거든요. 그런데 경험한 이후로 저도 중요하지만 다른 사람도 중요하다는 생각을 했어요.

준원이는 친구들에게 '숲은 꼭 한 번이라도 꼭 갈 수 있다면 가야 되는 곳'이라고 이야기하고 싶다고 했다. 또 이 연구에 대해서는 '숲의 얘기를 하니까 다시 한 번 기억하게 되고 그러니까 좋은 것 같고, 다음에도 가 보고 싶은 생각이 들'었다고 했다.

> 숲은 꼭 한 번이라도 꼭 갈 수 있다면 꼭 가야 되는 곳이라고 이야기하고요. 숲은 나무 같은 거나 자르면 안 되는 것……원래 그렇지만……사람들에게 알려 주고 싶고. 숲을 너무 무시하는데 한 번 갔다 오면 생각이 달라질 거라고 말해 주고 싶어요.
>
> 좀 처음이라서 떨렸는데 하다 보니까 괜찮은 것 같고요. 좀 후련한 것 같아요. 숲의 얘기를 하니까 다시 한 번 기억하게 되고 그러니까 좋은 것 같고. 다음에도 가 보고 싶은 생각이 들어요.

준원이는 숲에서 상쾌함과 쾌적함, 편안함을 경험했다. 이 감정은 숲의 심리적 가치(신원섭, 1997)와도 관련이 있다. 숲의 심리적 가치

---

38) "가다머(Gadamer)는 이해의 대화방식을 세 가지 형태의 '나-너(I-Thou) 관계'로 설명하고 있는데, '나'의 선입견에 의해서 '너'를 보며 '너'의 선입견을 무시하는 유형, '너'를 하나의 인격체로 대하면서 '나'와 다른 '너'를 인정하는 유형, 다른 사람에 대한 진정한 존중과 개방성으로 특징지어지는 진정한 의미에서의 '나-너' 유형이 그것이다."(주정흔, 2007: 40-41)

란 숲의 이용을 통하여 얻을 수 있는 심리적 이익, 즉 자아실현 수준의 증가, 자아의식 수준의 증가, 자신감과 자존감의 증가, 스트레스의 해소 등을 말하며 이런 것들은 주로 숲 휴양에서 파급되는 효과라고 볼 수 있다. 또한 준원이의 이야기는 숲이 '어메니티(amenity)'의 근원이라는 사실을 상기시킨다. 어메니티는 '장소의 기분 좋은 쾌적함', '인간이 살아가는 데 필요한 총체적인 쾌적함'이라고 정의할 수 있다 (신원섭, 2003). 단어 'amenity'의 핵심은 '생명'이다. 'amenity'의 어원은 라틴어 'amare', 즉 '사랑'에서 왔기 때문에 '생명'과 '사랑'이 어메니티의 참된 뜻이라고 볼 수 있다. 숲은 깨끗한 산소의 공급, 기후변화의 완화, 소음의 방지, 녹색댐의 역할 등 환경적 기능뿐만 아니라 휴양과 여가 장소, 문화적 자원으로서의 기능을 수행함으로써 '있어야 할 것이 있어야 할 곳에 있는 것' 또는 '전체로서의 쾌적한 상태'를 의미하는 어메니티를 형성하는 데 결정적인 역할을 한다(신원섭, 2003). 준원이는 숲에서 기분이 좋아졌다고 했다. 숲은 평소 친구들에게 화를 잘 내던 준원이를 변화시켜 마음을 안정시키고 친구들을 배려하게 하였다. 즉, 준원이에게 '있어야 할 것'은 '숲'이었고, '있어야 할 곳'은 준원이의 삶이었다.

제4장

배 움

본 연구는 교육학과 산림학이 만나는 지점에서 질적 연구를 통해 숲이라는 장소와 이야기라는 방법이 갖는 교육적 의미를 밝히고자 시도하였다. 연구과정에서 확인한 결과를 토대로 '숲을 통한 교육'[39] 을 위한 시사점을 제안하고자 한다.

1. 진정한 교사

배움의 장소로서 숲의 역할에 주목할 필요가 있다. 아이들이 교실 안에서만 배우는 것은 아니다. 교실 문을 열고 숲으로 나왔을 때, 아이들 앞에는 또 다른 배움의 장이 펼쳐진다.[40]

하지만 아이들이 숲을 만날 기회는 점점 줄어들고 있다. 아이들이 나이를 먹어 가면서 어린 시절에만 느낄 수 있는 방식으로 숲을 만날

---

[39] 전영우(2002)는 생태맹을 극복하기 위한 대안으로 '숲을 통한 교육'을 제안했다. 자연 생태계의 중심에 있는 숲은 생태맹을 치유하고 극복하기 위한 살아 있는 교과서이자 교실이기 때문이라는 것이다.

[40] 숲 자체가 아이들을 가르치고 그곳에서 아이들이 배운다는 점에 주목할 때, 숲이 현대 수업의 원리인 자발성의 원리, 사회화의 원리, 통합의 원리(이혜림 외, 2004) 등을 구현하기에 적당한 장소임을 알 수 있다. 숲이 가르친다는 것은 숲에서 아이들이 스스로 배운다는 말에 다름 아니다. 파일(Pyle, 2002)은 아이들은 스스로 학습하는 존재이며, 아이들의 교육과정은 그들이 활용할 수 있는 모든 것에서부터 만들어진다면서 아이들에게 자연을 접할 기회를 제공하는 교육적 노력의 필요성을 주장했다. 즉, 숲은 자발성의 원리를 구현하기 적당한 교육 장소라고 할 수 있다. 또한 숲은 아이들이 우정, 배려, 협동심 등을 배우기에 적당한 장소라는 점에서 사회화의 원리를, 숲에서 아이들은 지적으로, 정서적으로, 신체적으로 성장하고 발달한다는 점에서는 통합의 원리를 적용한 교육 장소로서 적당하다.

기회를 점점 잃어 가고 있다. 또한 학년이 올라감에 따라 입시 등 아이들에게 부과되는 과제가 많아지고 무거워져 숲에 갈 수 있는 시간은 점점 적어진다. 이렇게 아이들이 숲을 만날 기회가 적어진다는 것은 한편으로 숲이 주는 가치를 누릴 기회가 줄어든다는 것을 의미한다. 숲으로 갈 시간이 없다면 아이들 가까이에 숲을 만들어 줄 수도 있을 것이다. 학교에 나무를 심고 숲을 조성하는 것도 대안이 될 수 있다. 아이들이 숲과 접할 수 있는 공간은 학교, 아파트, 공원, 수목원 등 다양하다. 그곳이 어느 곳이든 숲을 경험할 수 있는 장소가 아이들 주변에 더 많이, 더 가까이 마련될 필요가 있다.

아이들이 더 깊이 숲과 만나고 소통할 수 있는 교육적인 배려와 조처가 뒤따라야 한다. 특히 아이들이 숲이라는 또 다른 교실로 나가는 데에는 어른, 특히 부모의 역할이 매우 중요하다. 페스탈로찌는 '교육의 본질은 사랑'이기에 이 사랑의 화신인 어머니가 가장 훌륭한 교사일 수 있다고 하였다(권정민, 1992). 아이들을 숲으로 이끌고 나오고, 아이들과 숲의 경이로움에 대해 함께 놀라고 기뻐해 줄 수 있는 어른의 존재 여부에 따라 아이들의 미래는 달라질 수 있다.

데일(Dale)은 학습자의 경험을 직접적인 참여에 의한 경험으로부터 시작하여 간접적인 경험 등을 거쳐 최종적으로 언어적인 상징에 이르는 형태로 분류하였는데, 구체적인 경험을 바탕으로 할 때만이 보다 추상적인 경험이 의미를 가진다는 점을 보여 주고자 하였다(권성호, 1998)[41]. 가장 정보가 풍부한 학습 환경인 숲에서 아이들이 구체

---

41) 이는 브루너(Bruner)가 구분한 지식의 표상 양식과도 대응된다. 브루너는 지식의 표상 양식을 직접적 체험에 의하여 행동적으로 지식이 경험되고 표상되는 '행동적(enactive)' 표상, 그림에 의해 표현되는 것을 관찰함으로써 영상적으로 지식이 경험되고 관찰되는 '영상적(iconic)' 표상, 문자와 같은 상징체계에 대한 이해 과정이 이루어지는 것으로 상징적으로 지식을 학습하는 '상징적(symbolic)' 표상 등으로 구분하였다.

적인 경험을 통해 창조성과 지성의 원천을 습득할 수 있도록 교육적 관심과 실천이 뒤따라야 할 것이다. "자연과 거리가 멀어지거나 자연과 우리를 연결시켜 주는 끈이 절단된 상태"(탁광일, 1998: 3)를 생태맹이라고 한다면 그 단절을 다시 이어 주고 관계를 회복시키는 일은 교육이 이 시대에 감당해야 할 과제이다. 생태맹 극복의 열쇠는 결국 교육에 있다(탁광일, 1998).

2. 시간의 지점들

짧은 순간의 강렬한 경험은 오래 기억된다. 어린 시절 숲에서 경험을 통해 만들어진 이러한 시간의 지점들은 아이들의 삶에 오랫동안 영향을 미친다. 아이들이 기억하는 숲에 대한 경험의 시기는 스펙트럼이 다양하다. 아이들은 그들이 기억할 수 있는 가장 오래전 시기에 만났던 숲을 가장 인상 깊게 기억하기도 한다.

본 연구에서는 아이들이 숲에서 경험한 특별한 시간, 공간, 관계, 감각을 확인하였다. 이러한 경험의 구조들을 통해 아이들이 숲을 경험하는 그들만의 방식을 확인할 수 있다. 즉, 숲에서 아찔하게 위험했던 1분의 시간은 1시간처럼 길었고, 작고 초라해 보였던 자신이 왕이 된 것 같은 느낌이 들었고, 숲에서 함께 무서워 떨면서 친구와 우정이 깊어졌다. 아이들은 오감을 통해 숲과 맞닥뜨린다. 다람쥐, 뱀, 물고기, 사마귀, 숲의 풍경 등을 보고, 숲에서 금방 딴 다래를 맛보고, 비 온 숲의 냄새를 맡고, 여름 숲의 바람소리를 듣고, 곤충을 손에 올

한편 캘럿(Kellert)은 체험의 유형을 직접적 체험(direct experience), 간접적 체험(indirect experience), 대용적 또는 상징적 체험(vicarious or symbolic experience)로 구분하였다.

려놓아 보면서 숲을 경험한다. 이러한 감각들은 오랫동안 기억에 남는다. 숲에서만 경험할 수 있는 특별한 감각이자 느낌들은 아이들에게 특별한 기억을 선사한다. 숲이 아이들에게 즐거운 기억만 주는 것은 아니다. 무섭고 위험했던 경험을 통해 아이들은 배운다. 이러한 경험 또한 아이들의 기억에 살아 있는 의미 있고 중요한 순간, 빛나는 순간들이다.

아이들은 어린 시절에 자연과 상호작용을 통해 더 큰 바깥세상과 소통하는 방법을 배우게 된다는 카울라(Chawla, 2002)의 연구나, 어린 시절은 한 사람의 영혼을 형성하는 데 있어서 '명백한 근원의 시기'이며 숲은 어린 시절의 '시간의 지점들(spots of time)'을 만들어 내는 데 매우 중요한 영향을 끼친다는 칸(Kahn, 2002)의 연구를 보더라도 어린 시절에 숲에서 경험할 수 있는 기회를 마련해 주는 것은 매우 중요하다. 특히 아이들은 아주 어렸을 때의 숲의 경험도 오랫동안 기억하고 있다는 사실에 주목해야 한다. 아이의 일생 동안 다시 오지 않는 '시간의 지점'이 아주 이른 시기에 지나가 버릴 수도 있기 때문이다.

3. 배움의 토양

'시간의 지점'은 아이들이 숲에서 느끼는 감정과 연결되어 있다. 아이들이 숲에서 놀라워하고, 불쌍해하고, 고마워하고, 신기해하는 등의 감정들은 숲에서 경험을 빛나고 특별하게 하였고, 결국 아이들을 변화시키는 '배움의 토양'이 되었다.

아이들은 숲과의 맞닥뜨림의 순간에 긍정적이든 부정적이든 간에 일종의 감정을 느끼며, 이러한 숲과의 맞닥뜨림은 아이들의 생각과 행동에 의미 있는 변화를 일으킬 만큼 중요하다. 아이들은 숲의 풍광에서 아름다움과 경이로움을 경험하기도 하고, 숲에 사는 야생동물을 통해 사랑과 배려의 가치를 생각하기도 하며, 숲에서 위험한 순간을 통해 자연의 힘을 깨닫고 겸손과 감사를 배우기도 했다.

아이들은 초등학교 때부터 학교, 사회, 가정으로부터 받는 스트레스와 불안감 등 압력에 대항하기 위해 힘든 시간을 보내고 있다. 우리가 아이들이 숲과 함께하는 시간과 기회를 더 많이 제공할 수 있다면 아이들은 긍정적인 감정들을 경험하게 될 것이고, 더 나아가 아이들은 그들 주변의 숲과 자연을 통해 그들 스스로 필요할 때마다 희망, 용기, 치유, 자신감, 아름다움의 순간을 만들어 내고 긍정적인 마음가짐을 창조해 낼 수 있을 것이다. 또한 숲과 함께하는 수업을 통해 아이들은 스트레스와 근심, 외로움에 대처하는 방법을 배울 수 있을 것이다.

숲은 인간으로 하여금 넓고 풍부한 감정을 느낄 수 있도록 해 주며, 숲과의 감정적 교류를 통해 인간은 살아 있는 것들에 대한 인식과 관계의 지평을 넓힌다.[42] 또한 숲을 통해 아이들은 정서적으로, 지적으로, 가치판단적으로 성장한다(Kellert, 2003). 따라서 아이들과 함께 숲에 갔을 때에는 무엇보다 먼저 아이들이 숲을 충분히 느낄 수 있도록 해 주어야 한다. 아이들은 숲에서 느낀 감정을 오랫동안 기억

---

[42] 바깥의 자연경관(landscape)은 우리의 내면경관(mindscape)을 형성하는 데 결정적인 요소가 된다. "'mindscape'은 우리 내면의 정서적 'landscape'이다. 즉, 숲은 자연경관을 만들고, 자연경관은 우리의 정서와 심성 발달에 결정적 역할을 하며, 이렇게 형성된 우리 내면의 'mindscape'는 또다시 주위의 자연경관을 가꾸고 보전하는 데 결정적인 영향을 미치게 된다. 인간의 심성과 자연은 이렇게 서로 영향을 미치면서 발전해 나간다."(전영우 외, 1999: 46)

하며, 그 감정은 아이들의 변화와 성장에 영향을 끼친다.

4. 이야기의 힘

나는 이 연구를 통해 아이들은 숲에서의 경험을 이야기하는 동안 숲과 자신들에 대한 가치와 의미들을 만들어 간다는 사실을 확인하였다. 아이들은 이야기를 통해 그대로 잊혔을지도 모르는 기억들을 되살리고 숲이 가르쳐 준 지혜들을 그들의 삶에 적용하게 된다는 사실은 숲을 통한 교육에 관련된 교사들과 프로그램 개발자들에게 새로운 아이디어를 제공한다.

아이들에게 숲에 대해 이야기할 수 있는 기회를 더 많이 만들어 주어야 한다. 아이들은 숲에 대한 이야기를 하면서 숲의 가치와 의미를 새롭게 만들어 가기 때문이다. 숲에 대한 아이들의 이야기를 수집하고 이야기하기를 격려할 필요가 있다. 아이들은 자신들의 이야기가 누군가로부터 인정받을 때 비로소 자신들이 경험한 것이 사실이며 다른 사람에게 영향을 줄 수 있다는 것을 알게 된다(Borin, 2005). 아이들에게 경험을 이야기할 수 있는 기회를 제공하는 것이 필요하다. 아이들이 숲에서 경험한 것들이 얼마나 가치 있고 소중한 것인지를 아이들에게 깨닫게 해 주고 공유할 수 있기 때문이다. 또한 아이들의 이야기를 통해 우리는 숲에서의 경험들이 아이들의 삶에 얼마나 영향을 끼치는지 확인할 수 있다.

연구에 참가한 아이들은 숲에서의 의미 있는 경험에 대해 서로 이야기해 본 경험이 적었다. 또한 아이들은 수업시간보다 일대일 인터뷰를 통해 자신들이 느꼈던 느낌이나 감정을 더 열린 마음으로 이야기했다. 아이들의 글은 그들이 숲에서 무엇을 느끼고 경험했는지 확인하고 이해하는 데 매우 효과적이었다. 아이들은 그들의 경험을 이야기해 봄으로써 숲에서 느꼈던 감정을 다시 떠올릴 수 있어서 좋았다고 했다. 그대로 잊힐 뻔한 숲에서의 경험을 기억해 내고 그때의 감정과 의미들을 되살려 낼 수 있도록 아이들이 그들의 경험에 대해 이야기할 수 있는 기회를 제공하고 이야기하기를 격려할 필요가 있다. 아이들의 이야기를 연구하는 시도도 많아져야 할 것이다. 숲 이야기가 공유되는 내러티브 공간의 마련 등 더 많은 교육적 경험의 기회들이 학교 내외에서 제공되어야 할 것이다.

제5장

이야기 숲으로

나는 이 연구에서 아이들이 숲을 어떻게 경험하는가에 대해 탐구하였다. 분석 과정에서 아이들의 이야기는 '낯선 숲', '함께 가는 숲', '맞닥뜨린 숲', '감정의 숲', '변화의 숲', '되살아나는 숲' 등으로 정리되었다. 이러한 일련의 과정은 생태맹의 상태에서 생태적 감수성[43]을 얻어 가는 과정이며, 각각 맥락적 조건, 인과적 조건, 핵심현상, 작용－상호작용, 결과, 반성 등의 의미를 갖는다.

또한 아이들이 숲에서 다양하고 특별한 감정을 느낀다는 점과 그 감정이 아이들의 성장에 영향을 주는 교육적 주제들과 연결되어 있다는 점을 발견하였다. 6명의 아이들의 이야기를 집중 분석한 결과는 이러한 점을 확인시켜 주었다.

아이들은 대자연의 경이로움과 맞닥뜨린 후 '자연이란 무엇인가', '나는 누구인가'와 같이 존재에 대한 질문을 스스로에게 던졌다. 야생 동물 등의 죽음을 보며 불쌍함과 슬픔 등의 감정과 함께 생명의 소중함과 배려의 필요성 등을 생각하였으며, 동화책으로 보았던 숲과 다른 현실의 숲을 보고 실망한 뒤 환경에 대한 책임감을 갖게 되었다. 숲 속에서 동식물, 곤충 등과 즐거운 하루를 보낸 후 싫어하던 곤충

---

43) 감수성은 개인이 자기 자신과 세계에 대해 느끼는 것을 감지하는 능력이라고 볼 수 있으며, 환경교육의 논의에 있어서의 감수성이란 환경의 아름다움이나 환경문제에 대해서 무관심하지 않고 알아차리거나 이해하며 혹은 환경의 상황에 대해 공감하며 감정이입이 되는 능력이라고 볼 수 있다(전수옥, 2004).

을 좋아하게 되는 변화를 경험하고 다양성, 공존, 관계의 의미를 생각하게 되었고, 숲에서 위험한 순간을 만났던 경험을 통해 자연에 대한 겸손과 함께 어려움을 혼자 힘으로 극복할 수 있다는 자신감을 배웠다. 또한 숲이 제공하는 쾌적함과 편안함 속에서 친구를 배려하게 되고 우정이 돈독해졌다.

아이들의 변화, 즉 '생명의 소중함', '배려', '책임감', '공존', '관계', '겸손', '자신감', '우정' 등의 주제들을 대표하는 단어는 '사랑'이다. 다시 말해 아이들은 숲과 맞닥뜨리는 순간 다양하고 특별한 감정을 경험하며, 그 경험을 통해 '사랑'을 배웠다.[44] 아이들이 숲에서 의미를 만들어 가는 과정은 사랑을 배워 가는 과정이었으며, 아이들이 숲에서 배우는 것은 사랑이었다.

숲에서의 경험을 통해 아이들과 숲의 관계는 부버(Buber)가 말하는 근원어 '나-그것(Ich-Es)'의 관계에서 '나-너(Ich-Du)'의 관계로 변화되어 갔다. '나-너'의 관계는 '사랑'의 관계라고 할 수 있다. 사랑은 '나'에 집착하여 '너'를 단지 '내용'이라든가 대상으로서 소유하는 것이 아니며, '너'에 대한 '나'의 책임이다. 부버는 "근원어 '나-너'는 '자연과 더불어 사는 삶', '사람들과 더불어 사는 삶', '정신적 존재들(spiritual beings)과 더불어 사는 삶' 등 세 개의 영역에서 관계의 세계를 세운다"(Buber, 표재명 역, 2001: 24)고 하였는데, 숲에서의 경험을 통한 아이들의 배움 역시 이 관계의 변화로 정리될 수 있다.

먼저 아이들은 숲에서 '나에 대한' 사랑을 배웠다. 숲에서 아이들은 스스로 '자신감 없고 평범한 존재라고 생각했는데 자신감이 생겨

---

44) 이렇게 결과를 요약한 후 본 연구의 질문으로 되돌아가서 지금까지 수행한 분석이 어떻게 서로 부합되는지에 대한 포괄적인 표현을 생성하고자 하였다(Hatch, 2002).

나고 자신이 소중하다고 생각'하게 되었고, '나 자신에 대해 그냥 다른 사람과 다를 것이 없다고 생각했는데 지문이 똑같은 사람이 한 사람도 없듯이 세상에는 나와 같은 사람이 존재하지 않고 특별하다는 생각'을 하게 되었다. '대충 살자고 생각했는데 열심히 살자고 생각'하게 되었으며, '아직 크려면 먼 어린아이라고 생각했는데 나도 이제 다 큰 어른이라고 생각'하게 되었다. 이러한 아이들의 변화는 '나에 대한 변화'이며, '나 자신을 사랑하게 된 변화'이다.

또한, 아이들은 숲에서 '다른 사람'에 대한 사랑을 배웠다. '장애인에 대해 너무 더럽고 짜증난다고 생각했는데 그런 사람일수록 감싸 줘야겠다고 생각'하게 되었고, '친구들에 대해 그냥 같은 반에 있는 애라고 생각했는데 친구는 소중하다고 생각'하게 되었고, '조금 싫어하던 친구들도 더 잘 놀려고 노력하고 친해지'게 되었고, '나만 중요하고 남한테 배려 안 해도 된다고 생각했는데 친구들에게 배려하는 게 좋은 거 같다고 생각'하게 되었다. 숲에서 아이들은 화가 나지 않는 체험을 하였고, 여유와 자유를 경험하면서 다른 사람을 배려해야겠다는 마음을 갖게 되었다.[45]

아이들은 숲에서 '생명에 대한' 사랑도 배웠다. 사촌동생이 개미를 밟아 죽이는 것을 보고 보잘것없고 하찮다고 생각했던 개미도 소중한 생명이고 아껴야겠다는 생각을 하게 되었고, 다람쥐가 죽어 있는 것을 보고 아무리 못생기고 이상해도 작은 생물과 큰 동물들을 모두

---

45) 성서에는 사랑의 속성이 다음과 같이 정리되어 있다. "사랑은 오래 참고 사랑은 온유하며 시기하지 아니하며 성내지 아니하며 악한 것을 생각하지 아니하며 불의를 기뻐하지 아니하며 진리와 함께 기뻐하고 모든 것을 참으며 모든 것을 믿으며 모든 것을 바라며 모든 것을 견디느니라." 아이들은 숲과 맞닥뜨림을 통해 온유한 상태가 되어 화를 내지 않고 친구를 오래 참아 주며 배려하게 되었다는 점에서, 숲에서의 경험을 통해 아이들은 사랑의 속성을 닮아 가게 되었음도 확인할 수 있다.

다 같이 사랑해 주고, 불쌍한 동물이나 사람이 있을 때는 도와줘야겠다고 생각하게 되었다. 아이들은 숲에 또 다른 생명들이 살고 있다는 것을 알게 되었고, 그 생명체들과 함께 살아가고 있는 자신을 발견하면서 더 큰 세상을 알게 되었으며, 그 생명체들에 대해 신기해하고 기뻐하고 실망하고 슬퍼하는 등의 감정을 느끼면서 함께 살아가는 존재들에 대한 사랑을 갖게 되었다. 사랑하는 대상에게 무엇이라도 더 해 주고 싶어지는 게 사랑하고 있는 사람의 공통된 마음이며 사랑의 속성이듯 아이들에게 싹튼 사랑의 감정은 생명을 지키고 보전하고자 하는 의지와 행동으로 발전하였다. 나아가 아이들은 숲에서 경험을 통해 '누가 저 자연을 만들고 움직일까' 등의 질문을 하였는데, 이러한 질문은 '더 큰 존재', 신에 대한 사랑으로 발전하기도 한다.

사랑하게 되면 그 감정을, 그 기쁨을 다른 사람에게 이야기하고 싶어진다. 기쁨의 감정, 사랑의 감정 같은 놀라운 감정들이 생겼을 때에 그 감정을 이야기하고 싶어지는 것은 인간의 자연스러운 욕구이다. 그리고 사랑하는 사람에 대해 열을 올리며 이야기하는 동안 그에 대한 사랑은 더 커지기 마련이다. 마찬가지로 아이들은 숲에서 배운 것들, 숲과 만난 순간에 느낀 놀라운 감정들을 이야기했고, 이야기를 통해 아이들이 숲에서 배운 사랑의 의미는 더욱 깊어졌다. 부버(Buber)는 인간의 비인간화와 자기 상실 등 위기의 핵심은 사람이 근원어 '나-너'를 말하는 기쁨을 잃어버린 데 있다고 말한다(Buber, 표재명 역, 2001). 아이들은 숲에 대해서 이야기하는 동안 우리가 잃어버렸던 사랑에 대해 말하는 기쁨을 함께 되살릴 것이다.

교육은 교육과정과 교수와 학습의 관계에 따라 서로 다른 양상으로 실현된다. 여기에 더해 교육환경이 영향을 끼친다. 교육에 영향을 미치는 국가정책에서부터 교실에 구비된 교육기자재에 이르기까지 교육환경의 범주 안에는 다양한 요소들이 포함된다. 특별히 교육과정을 연구하는 학자들은 이 교육환경에 관심을 가지게 된다. 교육과정은 '무엇을 가르치고 배울 것인가'에 대한 질문에 대답하고자 하는 실천적 학문이며, 교육과정 학자들은 이 질문에 답하고자 학습자와 교수자와 사회 등의 현실과 요구에 민감하게 반응해야 하기 때문이다. 교실로서의 숲이라는 장소도 교육환경에 포함된다고 할 수 있다.

교육의 본질은 사랑이다. 교육이 추구하는 바람직한 인간은 그 중심에 사랑이 있는 사람이다. 아주 오래전부터 부모들이 아이들에게 생존의 방법을 가르친 이유도 자식에 대한 사랑 때문이었다. 21세기에 교육이 추구해야 할 것도 사랑이다. 우리의 아이들이 자기 자신을 사랑할 줄 아는 사람, 다른 사람을 사랑할 줄 아는 사람, 생명을 사랑할 줄 아는 사람이 되도록 하는 것은 특히 이 시대에 교육이 담당해야 할 몫이다. 나는 이 연구를 통해 숲에서 그 사랑의 교육에 대한 희망을 찾았다. 숲은 아이들이 사랑을 배우는 장소이다. 숲은 교육을 통해 아이들에게 사랑의 씨앗을 심어 주기에 참 좋은 장소이다. 나는 숲에서 우리의 학생들, 우리의 자녀들이 사랑을 지닌 사람들로 성장하도록 하는 데 이 연구가 기여할 수 있게 되기를 바란다.

집이나 학교 등 아이들의 생활 주변에 숲을 많이 조성해 주는 것이 필요하다. 수목원이나 공원 등 도심의 공터가 많아져야 하겠고, 학교에 나무를 심어 숲 환경을 만들어 주는 데에도 교육 관계자들이 관심을 기울일 필요가 있다. 또한 가족 여행이나 체험학습 등의 기회를 더 많이 만들어 주어야 한다. 숲에서 아이들이 배울 수 있도록 부모나 교사가 아이들과 함께 자주 숲으로 가는 것이 필요하다. 아이들을 데리고 숲으로 가는 것은 가정교육과 인성교육의 첫걸음이다. 아이들은 아주 어렸을 때의 숲의 경험도 오랫동안 기억하고 있다는 사실에도 주목할 필요가 있다. 이 연구에서도 두 명의 초등학교 5학년 아이가 6살 때의 기억을 가장 인상 깊은 경험으로 이야기하고 있다. 숲을 통한 교육은 아주 이른 시기부터 가능하다는 사실을 많은 부모들이 알고 있을 필요가 있다. 또한 아이들이 숲에 갔을 때에는 무엇보다 먼저 아이들이 숲을 충분히 느낄 수 있도록 해 주어야 한다. 아이들은 숲에서 느낀 감정을 오랫동안 기억하며, 그 감정은 아이들의 변화와 성장에 영향을 끼치기 때문이다. 숲 교육 프로그램을 개발하고 진행할 때에도 이 점이 반영되어야 할 것이다. 아울러 본 연구를 통해 아이들은 숲에서의 경험을 이야기하는 동안 숲과 자신들에 대한 가치와 의미들을 만들어 간다는 사실을 확인하였다. 아이들은 이야기를 통해 그대로 잊혔을지도 모르는 기억들을 되살리고 숲이 가르쳐 준 지혜들을 그들의 삶에 적용하게 된다는 사실은 숲을 통한 교육에 관련된 교사들과 프로그램 개발자들에게 새로운 아이디어를 줄 수 있을 것이다.

이 연구 과정에서 노정한 한계들은 후속 연구에 대한 몇 가지 시사점을 제공할 것이다. 우선 본 연구는 제한된 시간과 장소에서 아이들의 이야기를 수집하여 아이들이 숲에 대한 이야기를 충분히 나누고 그 이야기를 수집할 수 있는 공간이 조성되지 못하였다. 참여자들과 더 밀접한 관계를 유지하는 가운데 주제에 초점을 맞춘 내러티브의 전경을 조성하여 연구를 진행한다면 더 풍성한 이야기를 확보할 수 있을 것이다. 참여관찰 등 다양한 자료 수집 방법을 병행하여 아이들의 이야기가 진행되는 상황과 전후 관계가 충분히 드러나도록 할 수 있을 것이다. 또한 국가나 지역을 달리했을 때의 후속 연구도 논의를 더욱 풍성하게 할 것이다. 이야기를 통해 아이들의 숲에서의 경험을 확인하고 이해하고자 하는 다양한 연구들이 이어지기를 기대한다. 나아가 이러한 연구 성과에 따라 아이들이 숲에서 무엇을 어떻게 배우는지에 대한 교육학적 이해를 바탕으로 한 전문교사 양성과 숲 교육 프로그램 연구가 뒤따라야 할 것이다. 무엇보다 이 분야에 대한 교육과정 학자와 실천가들의 관심과 노력이 필요하며, 이러한 시도를 통해 숲을 통한 교육적 성과들이 우리 아이들의 삶에서 더욱 풍성하게 실현될 것이다.

참고문헌

강현석(2007). 「교사의 실천적 지식으로서의 내러티브에 의한 수업비평의 지평과 가치 탐색」. 『교육과정연구』, 25(2), 1 – 35.

고운미 · 김대희(2001). 「국내외 환경교육 연구방법론의 동향과 과제」. 『환경교육』, 14(2), 142 – 155.

권성호(1998). 『교육공학의 탐구』. 서울: 양성원.

권영락(2005). 「장소기반 환경교육에서 장소감의 발달과 환경의식의 변화: '시화호 생명지킴이' 생태안내자 양성과정을 사례로」. 서울대학교 대학원 박사학위논문.

권정민(1992). 「페스탈로찌의 유아교육사상에 관한 연구」. 숙명여자대학교 교육대학원 석사학위논문.

김경희(1996). 『정서란 무엇인가』. 서울: 민음사.

김선아(2007). 「자연체험을 통한 주제탐구 · 표현학습의 의미」. 배제대학교 대학원 석사학위논문.

김세진(2005). 「흙과 하늘에 대한 자연체험활동의 교육적 의미 탐색」. 중앙대학교 대학원 석사학위논문.

김순희(2002). 「학교숲 가꾸기가 학습원의 교육적 활용에 미치는 효과」. 서울교육대학교 대학원 석사학위논문.

김영무(1999). 「생태맹 극복의 길 · 참 인간이 되는 길」. 『숲과 자연교육』. 서울: 수문출판사

김윤옥 외(2001). 『교육연구를 위한 질적 연구방법과 설계』. 서울: 문음사.

김진희(2006). 「환경교육에 관한 국내 연구 동향 분석」. 경인교육대학교 교육대학원 석사학위논문.

김희세(2002). 「제7차 교육과정에 따른 초등학교 교과서에 나타난 산림환경교육내용 분석」. 국민대학교 대학원 석사학위논문.

남효창(2006). 『애들아 숲에서 놀자』. 서울: 추수밭.

노승윤(2004). 『실기교육방법론』. 경기: 양서원.

도승이(2008). 「정서와 교수-학습 연구의 쟁점과 전망」. 교육심리연구, 22(4), 919-937.

박경희(2005). 「숲체험활동이 유아의 자아개념 발달에 미치는 영향」. 동국대학교 대학원 석사학위논문.

박미정(2004). 「환경가치교육을 위한 모듈식 프로그램 개발」. 한국교원대학교 대학원 석사학위논문.

박세원(2004). 「도덕적 삶과 성찰의 관계적 의미에 관한 내러티브적 탐구」. 초등도덕교육, 14, 139-177.

박진희 · 장남기(1998). 「자아존중감 향상을 위한 '인지적 재구조화 전략'이 환경단원의 학습에 미치는 효과」. 환경 교육, 11(1), 237-249.

반칠환(2001). 뜰채로 죽은 별을 건지는 사랑. 서울: 시와시학사.

배영미(2006). 「학교숲 체험학습을 통한 친환경 태도와 행동의 변화에 관한 연구」. 석사학위논문. 부산교육대학교 교육대학원.

배진형(2008). 「재미 한인 중학생들의 미국학교 등교 첫날 경험과 초기 학교적응의 어려움에 관한 연구」. 청소년학연구, 15(6), 1-37.

백정현 · 한옥주(2002). 『개정판 실기교육방법론』. 서울: 상조사.

산림청(2006). 『푸른숲선도원 지도교사 매뉴얼』. 한그루녹색회.

생명의숲 숲해설 교재편찬팀(2005). 『숲해설 아카데미』. 서울: 현암사.

손우정(2007). 「관계로 엮어가는 배움」. 『우리교육』. 1월호 통권 203호. 28-31.

신원섭(1997). 「숲의 가치」. 『숲 속의 문화 문화 속의 숲』. 서울: 열화당.

_____(2003). 『숲의 사회학』. 서울: 도서출판따님.

_____(2005). 「심리치료사, 숲」. 숲이 희망이다. 서울: 경향신문사.

염지숙(1999). 「유아들의 경험을 통해 본 유치원에서 1학년으로의 전이」. 『한국영유아보육학』, 17, 405-427.

_____(2003). 「교육 연구에서 내러티브 탐구(Narrative Inquiry)의 개념, 절차, 그리고 딜레마」. 『교육인류학 연구』, 6(1), 119-140.

우석규(2007). 「환경감수성 함양을 위한 특활반 운영 프로그램의 개발과 효과」. 석사학위논문. 한국교원대학교 교육대학원.

우한용 외(2001). 서사교육론, 서울: 동아시아.

이건남(2009). 「초등학생 대상의 체험학습 연구동향」. 『실과교육연구』, 15(2), 229-248.

이명환(2003). 「독일의 숲유치원에 관한 연구」. 『아동교육연구』, 23(4), 23-48.

이재영(2008).「학교숲을 활용한 환경교육」.『학교숲과 환경교육』, 91 - 111.

이혜경(2008).『맹자, 진정한 보수주의자의 길』. 서울: 그린비.

이혜림 외(2004).『수업방법의 이론과 실제』. 서울: 백산출판사.

임재해(2003).「설화의 전통적 기능과 오늘의 이야기」. 이야기와 이야기교육, 1 - 17.

전수옥(2004).「자연의 아름다움에 대한 환경감수성 함양을 위한 환경교육교재 개발연구」. 한국교원대학교 교육대학원 석사학위논문.

전영우 외(1999).『숲이 있는 학교. 우리강산 푸르게 푸르게 총서』 3. 서울: 이 채.

전영우(1999).『숲체험 프로그램 - 이론과 실제』. 서울: 수문출판사.

_____(2002).「생태맹과 숲」. 숲과 문화, 6(4), 27 - 30.

주정흔(2007).「창의성 교육과정의 '실천성'에 관한 참여관찰 연구」. 성균관대 학교 대학원 박사학위논문.

최돈형(2007).「교육 패러다임의 변화와 환경교육의 진화」. 한국환경교육학회 학술대회 자료집, 133 - 140.

탁광일(1998).「생태맹과 이를 극복하기 위한 접근 방법」.『숲과 문화총서』, 6, 14 - 21.

황세영(2003).「자연체험활동의 교육적 의미: 한국어린이식물연구회의 들공부 프로그램을 사례로」. 서울대학교 대학원 석사학위논문.

Borin, K. A.(2005). **Nature places and story spaces: An exploration of children's stories about nature.** the State University of New Jersey New Brunswick.

Buber, M.(1954). **Ich und Du.** 표재명 역(2001).『너와 나』. 서울: 문예출판사.

Carson, R. L., 표정훈 역(2002). 자연의 경이로움에 대하여. 서울: 에코리브르.

_____(1956). **The sense of wonder.** New York: HarperCollins Publishers.

Chawla, L.(2002). "Spot of time: Manifold ways of being in nature in childhood". Kahn, Jr. P. H., & Kellert S. R. (Ed.). (2002). **Children and nature.** Cambridge, Massachusetts.

Creswell. J. W.(2008). **Educational research: Planning, conducting, and evaluating quantitative and qualitative research.** University of Nebraska - Lincoln.

Hatch, A. J. (2002). **Doing qualitative research in education settings.** 진영은 역 (2008).『교육 상황에서 질적 연구 수행하기』. 서울: 학지사.

Kahn, Jr. P. H.(2002). "Children's affiliations with nature: Structure, development, and the problem of environmental generational amnesia". Kahn, Jr. P. H., &

Kellert S. R. (Ed.). (2002). **Children and nature.** Cambridge, Massachusetts.

Katcher, A.(2002). "Animals in therapeutic education: Guides into the liminal state". Kahn, Jr. P. H., & Kellert S. R. (Ed.). (2002). **Children and nature.** Cambridge, Massachusetts.

Kellert, S. R., & Wilson, E. O.(Ed.). (1993). **Biophilia hypothesis.** Washington, D.C.

Kellert, S. R.(2002). "Experiencing nature: Affective, cognitive, and evaluative development in children". Kahn, Jr. P. H., & Kellert S. R. (Ed.). (2002). **Children and nature.** Cambridge, Massachusetts.

Manen, M.(1990). **Researching lived experience.** 신경림 역(1994). 『체험연구: 해석학적 현상학의 인간과학 연구방법론』. 서울: 동녘.

Muir, J. 장상원 역(2007). 『자연과 함께 한 인생』. 서울: 느낌표.

Myers, Jr. O. E., & Saunders, C. D.(2002). "Animals as links tomard developing caring relationships with the natural world". Kahn, Jr. P. H., & Kellert S. R. (Ed.). (2002). **Children and nature.** Cambridge, Massachusetts.

Orr, D. W.(1992). "Ecological literacy: Education and the transition to a postmodern world", SUNY.

Pyle, R. M.(2002). "Eden in a vacant lot: Special places, species, and kids in the neighborhood of life". Kahn, Jr. P. H., & Kellert S. R. (Ed.). (2002). **Children and nature.** Cambridge, Massachusetts.

Ricoeur, P.(1984). **Temps et recit.** 김한식 · 이경래 역(2000). 『시간과 이야기』. 2. 서울: 문학과지성사

Thomashow, C.(2002). "Adolescents and ecological identity: Attending to wild nature". Kahn, Jr. P. H., & Kellert S. R. (Ed.). (2002). **Children and nature.** Cambridge, Massachusetts.

Weber, A. 박종대 역(2008). 『모든 것은 느낀다』. 서울: 프로네시스.

Wolcott, H. F.(1994). "Transforming qualitative data: Description, analysis, and interpretation". London: Sage.

Wilson, E. O. **The future of life.** 전방욱 역(2005). 『생명의 미래』. 서울: 사이언스 북스

부록

숲에 간 때	나이	아주 어렸을 때
		6살
		7살(유치원)
		8살(1학년)
		9살(2학년)
		10살(3학년)
		11살(4학년)
		12살(5학년)
	상황(주기)	일요일(학원에 안 가는 날)
		엄마, 아빠가 집에 있는 날
		방학(여름방학)
		정기적으로(한 달에 한 번 등)
	계절	봄(봄에서 여름 사이)
		여름(여름에서 가을 사이)
		가을
		겨울(크리스마스)
	낮·밤	낮
		밤(저녁)
구체적 지명	동네 주변	도봉산, 수락산, 북한산
	유명한 산(숲)	설악산, 청태산, 남이섬, 공주산성, 담양 대나무 숲, 남원과 가까운 대나무 숲, 평창 가리왕산
	외국	크로아티아 국립공원
	이름을 모름	양양의 시냇물 흐르는 숲 속, 그냥 숲, 산이었어요, 무슨 산인지는 모르겠는데요, 자연캠프장
	그 외	집 안(화분), 꿈속(도봉산)
등장인물	가족(식구)	아빠, 엄마, 누나, 형, 쌍둥이, 여동생
	친척	할머니, 할아버지, 고모부, 외삼촌, 이모, 이모부, 사촌누나, 사촌동생
	친구	친구, 친구아빠, 친구엄마, 친구오빠
	선배	보장

	선생님	스카우트 대장 선생님
등장인물	그 외 사람	거기서 일하시는 사람들, 여러 사람들, 등산객, 아저씨, 아줌마, 솜사탕 아저씨
	자연물	개미, 청설모, 매미, 새, 나무, 나비
	휴식	가족 휴가, 피서, 시원해서, 여행을 가서
	유희	놀러, 놀아 주기 위해서, 심심해서, 맛있는 거 먹으려고
	건강	운동하기 위해서, 맑은 공기 마시러, 등산
숲에 간 이유	구경	구경 가려고, 새로운 것도 보고, 사진 찍으려고
	가족	아빠가 가자고 해서, 외삼촌 댁이 있어서, 할머니가 또는 할아버지가 계셔서
	체험활동	캠핑하려고, 체험학습 하러, 청소년활동
	우연	그냥, 지나다가 우연히
가장 인상 깊었던 한순간	시각	꽃 위에 벌이 앉았던 한순간, 다람쥐가 돌 구석 사이에 죽은 것, 개미가 매미를 무리지어 옮길 때, 다람쥐가 '씩' 하고 지나갈 때, 돌계단에서 처음으로 사마귀를 만났을 때, 다리 아래 물고기들이 지나갈 때, 아름다운 식물을 봤을 때, 동물을 봤을 때, 새가 아기 새에게 먹이 주는 모습, 새들이 차 옆에 있어서 내릴 수 없었던 때, 다람쥐와 눈이 마주쳤다, 뱀이 놀라 도망치는 모습, 사슴벌레를 봤을 때
	미각	외삼촌께서 주신 다래를 먹을 때
	청각	자연을 느꼈을 때 나무가 맑은 소리를 낼 때
	동작, 행위	계곡에 떠내려갈 때 나무를 잡았을 때, 청설모를 따라갈 때, 나무뿌리에 걸려 넘어질 뻔한 순간, 대나무 숲에 처음으로 발을 디딜 때, 트리를 꾸몄을 때, 검은색 큰 나비를 잡은 순간, 나무의 도움을 받으며 산을 내려간 것, 마당바위 근처에 앉은 것, 배드민턴장에 간 것, 사촌동생이랑 논 것
그 순간의 이름	교훈 또는 지혜	자연을 사랑하자, 개미의 협동심, 집을 떠난 동물들
	감정이나 느낌의 표현	매정한 사람들!, 신비의 그림, 공포작렬 대왕모기, 이게 웬 떡!, 위험한 나무뿌리, 자연의 주인에 대한 나의 혼란, 숲과 산의 아름다움, 예쁘다, 살았다, 1시간, 새콤달콤한 다래 맛, 숲은 아름다움과 신비로움이다, 자연의 감동적인 아름다움, 희귀종 뱀의 신비로움, 아름다운 산속의 풍경, 달콤한 자연
	당시의 상황	청설모다 잡아라, 다람쥐 순간포착, 사마귀와의 첫 만남, 다람쥐와의 만남, 대나무 숲 탐사, 마당바위 근처, 곤충 채집, 정상의 첫 걸음, 숲의 배드민턴장, 나무에게 구원받았다, 다리 아래 물고기, 숲 속에서 우정을 나누기, 다람쥐와 눈 마주침, 등산 완료
	자연의 요소	가을의 산, 야생, 나무 자연, 어미 새와 아기 새, 산의 정화

그때의 감정	연민	불쌍했다(개미들, 매미), 안타까웠다(도시에서 볼 수 없어서, 더 잘 보살펴 줄걸)
	감사	고마웠다(나무)
	경이	신기했다(어미 새의 사랑이 느껴졌다), 신비로웠다(대왕모기가 산다는 것, 가을 산, 뱀), 마음이 쿵쾅거리고 흥분됐다(새로운 것을 보니까), 설렜다, 무섭고 신기했다(새)
	기쁨	상쾌했다, 즐거웠다, 재미있었다(놀이터 같아서), 기뻤다(내가 산의 주인이 된 기분)
	평안	기분이 좋아졌다(화가 안 났다, 불평불만이 없어졌다), 편안했다(숨을 잘 쉴 수 있어서)
	짜증	흉측했다(뱀을 잡는 것), 짜증 났다(힘들어서)
	실망	실망스러웠다(동화책과 달라서), 낯설었다
숲이 가르쳐 준 것	신뢰	다른 사람의 말을 믿어야 한다(신뢰)
	배려	다른 사람을 배려 나도 손길을 내밀어야겠다는 생각(환경보호의 필요성) 화를 내지 않고 차근차근 친구를 챙겨 나가게 됨
	용기	할 수 있다는 용기
	생명의 소중함	제대로 소중히 느낄 수 있게 해 줌 생명의 소중함 소중함
	문화	전통방식(돌탑 쌓는 것) 식물 이름 동물들이 살아가는 방식 위험한 상황을 빠져나가는 법
	관계	숲과 인간은 어울려서 산다는 것(공동체)(친구처럼 가깝게 느껴짐) 협동심 무엇이든지 도움을 줄 수 있다는 것 약육강식 있을 때 잘해
	자유	자유 자유로운 것과 자유롭지 못한 것의 차이
	여유	마음을 편하게 가지면 모든 일이 잘 풀린다는 것(느긋함)
	사랑	가족의 사랑, 우정 불쌍히 여기는 마음
	숲에 대하여	숲은 풍요롭다 / 숲은 무한하다 / 숲의 공기는 맑다 / 숲은 병을 자연적으로 치유해 준다 / 숲은 모든 것을 다 제공해 준다 / 숲은 기쁨까지도 준다는 것 / 숲은 가족이 친해지게 만드는 놀이터이다 / 숲은 슬픔과 기쁨 등 소중한 경험할 수 있는 곳이라는 것 / 숲의 주인은 나무라는 것

숲이 가르쳐 준 것	자연에 대하여	자연의 소중함 훼손할수록 숲의 멋있는 게 없어진다는 것
		자연은 어떻게 생겨났으며 누가 조정하나? 하는 의문을 갖게 함 (강을 봄) 자연의 모습을 자세히 가르쳐 줌 자연의 생활
		자연의 위대함 생명의 삶에 대한 의지(모든 생물은 필사적으로 살려고 한다)
경험을 통해 배운 것	사랑	도와주어야겠다는 마음 불쌍히 여기는 마음(측은지심) 희생하는 마음(사양지심) 생명의 소중함 작은 것(못생긴 것, 이상한 것)의 소중함(사랑)
	조심성	
	앎	지식(모르던 것을 앎) 인간과 동물의 차이점과 유사점 아름다움(미) 숲의 신비로움
	자신감	자신감(노력하면 할 수 있다)
	관계	협동의 힘 근면 있을 때 잘해라
	감사	고마워하는 마음(감사)
	없다	배운 것은 없다
이야기의 제목	장소	금악산, 크로아티아 국립공원, 자연휴양림, 강원도 산골의 숲 속 에서, 아빠 회사 뒷산에 가서, 대나무 숲에서
	시간	숲에 간 날, 어렸을 적엔(수락산), 수락산 갔을 때
	등장인물	매미와 개미
	행위, 상황	청설모 사냥, 도봉산 등산, 곤충채집, 스카우트 여름캠프, 도봉산 가을 나들이, 가족과 함께 등산!, 도봉산에서 다람쥐를 봤다
	의도, 주제	숲이나 나무에 대한 나의 생각과 느낌의 변화, 숲의 자연과 아름 다움, 동화책 속 숲과 다른 숲, 맑은 공기 그리고 야생, 숲이나 수목원 그 외의 다른 곳의 기억, 곤충을 사랑하고 아끼자, 산은 사람을 변화시킨다, 어떻게?, 생각해 보니
	느낌, 감정	새콤달콤한 다래 맛, 불쌍한 다람쥐와 곤충, 고마운 나무
	개인적 의미부여	내가 간 유일한 숲, 하루에 두 번이나 나를 구해 준 나무

강조하고 싶은 단어	느낌, 감정	경외, 감동적, 낯선, 신기하다, 의외, 간지러움, 고마운, 무료, 병원, 보물, 소중, 신선한, 좋은, 상쾌, 통쾌
	이야기의 주제	배려, 존중, 안전, 낭떠러지, 절벽, 고생, 뱀, 모기, 조절, 건강, 에너지, 생명, 함께, 협동심
	이야기의 소재	정상, 가족, 선생님, 사슴벌레, 다람쥐, 곤충, 공기, 생활, 국립공원, 자연, 채집
숲에서 배운 것을 다른 아이들에게 이야기한다면?	교훈적인 이야기	자연을 훼손시키지 말아야겠다고, 숲처럼 환경을 보호하자, 작은 생물과 큰 동물들도 모두 다 같이 사랑해 줘야 된다고, 노력하면 무엇이든 할 수 있다고, 소중하게 동물 대해 주고 환경을 보호하라고
	숲과 자연에 대한 자신의 주장, 생각, 견해	오히려 나무가 강아지나 고양이 같은 동물보다 그런 식물이 훨씬 더 낫다고, 숲은 사람을 변화시킨다고, 곤충은 무서운 게 아니라고, 숲은 알면 알수록 더 재미롭고 신비롭다는 거, 자연들이 어떻게 생겨나고 누가 만들었고 어떻게 이렇게 아름다운 숲이 있고 이런 것을 다시 한 번 생각해 보자고, 숲은 건강도 좋고 공기도 맑아지고 사람들에게 꼭 필요한 거라고
	제안 또는 권유	얘들아 가족과 놀러 가기가 힘들면 가까운 숲이나 산으로 가서 놀아 봐! 화목한 가정이 될 거야, 항상 엄마에게 구박받고 엄마가 하라는 대로 다 하는 아이한테 자유를 가지라고, 동물들과 같이 어울려 자라면 좀 더 좋은 경험이 될 거라고, 숲에서 자주 놀자
	이야기에 초점을 맞추어서	말하는 게 부끄럽겠지만 시키면 해야죠. 내용은 제가 겪은 일하고 생각한 것을 중심으로 이야기하는 게 좋을 것 같아요, 이야기를 중심으로 요약해서 할 것 같아요, 약간 잘 풀어가지고 무슨 동화나 이야기 같은 내용으로 말해 주고 싶어요
	자신이 느낀 느낌이나 감정	무서웠다, 다람쥐를 처음 봐서 신기했다고요, 숲은 책에서 본 것과는 달리 더 아름답고 더 많은 동식물이 살고 더 감동적이고 예쁘다는 것을 이야기하겠어요, 숲은 내 병을 잠시 치유해 줬고 숲은 아주 중요한 존재라고 이야기해 주고 싶어요
	자랑	뱀이 다른 애들은 많이 본 것 같지 않아서 친구들에게 자랑하고 싶어요, 그냥 도봉산 정상에 올라갔다고, 그냥 자랑할 거예요
이 연구에 대한 생각	연구 진행에 대한 평가	구체적인 걸 잘 물어보는 것 같아요, 많은 것 다양한 것을 연구한다고 생각했어요, 형식적인 게 아니라서 좋았다
	'이야기하기 '에 대한 견해	제 경험을 말할 수 있어서 좋았고요, 다른 사람한테 별로 말한 적이 없는데 이렇게 말하는 것도 재미있는 것 같아요. 다른 사람한테 말하지 못했는데 이런 걸 말할 수 있어서 좋았어요
	기억의 재생에 대한 견해	그 전날을 되새기는 것 같아서 되게 좋았어요, 기억을 꺼내는 것이 보통 때 하지 않은 일이라서 흥미로웠다, 과거의 흐릿한 기억을 기억해 내서 말하니 기억이 마구 살아났다 과거의 기억이 많이 나면 난 너무 좋다, 그중에서도요. 경험이 많은데 딱 그 경험이 딱 생각이 났어요

	무관심	별 생각 안 들었어요, 잘 모르겠어요
이 연구에 대한 생각	숲에 대한 관심과 연결	좋은 거 같아요, 그냥 숲을 더 생각하게 되니까, 숲에 대한 것 더 알고 배울 수 있어서
	연구에 대한 참여 경험	그냥 연구 위해 하는 거로, 도와드리는 거니까 기분이 좋죠
	생각의 기회 제공에 초점	숲에 대해서 좀 더 생각을 많이 해 본 것 같아요, 숲에 대해서 이 연구 전에는 한 번도 이렇게 깊게 생각한 적이 없었는데 이렇게 생각하고 쓰고 나니까 더 오래 기억할 수 있고 좋은 것 같아요, 이번 시간을 통해서 옛날에 했던 것 좋은 추억들을 다시 생각해 낸 게 좋은 것 같아요
	배움에 대한 기쁨	경험이 생각나고 다시 동물을 잘 소중하게 다루어야겠다는 마음도 갖게 되어 참 좋았어요, 숲에 대한 것 더 알고 배울 수 있어서 좋았다

자연휴양림

내가 가족과 함께 토, 일요일 날 강원도로 자연휴양림을 갔다. 차를 타고 가는 동안 아주 시원하고 신선한 공기를 마셨었다. 가족이 쉬는 날이었기 때문에 놀러 갔었다. 오랜만에 외출이라 즐거웠다. 신선한 공기를 마시니 졸려서 잤다. 신선한 공기를 마시며 자연휴양림으로 와서 우리 가족은 한 묵을 집에서 놀았다. 창문을 열어 두니 자연 공기가 들어와 상쾌했다. 밖에 나가서 나는 언니와 함께 꽃을 구경하고 꽃의 이름 맞추기도 하였다. 도시는 자연공기가 없다. 왜냐하면 배기가스가 우리 환경을 뒤덮기 때문에 시골이 좋았다. 하룻밤을 자고 일어나니 상쾌해서 베란다에 나갔다. 비가 오고 있어서 왜 비가 오는지 생각해 보았다. 왜냐하면 도시의 오염된 환경이 바람이 불어 비가 떨어지고 환경이 더럽혀지기 때문에 숲을 보호해야겠다는 생각이 들었다.

---

* 아이들이 쓴 원문을 오탈자, 띄어쓰기만 수정하고 그대로 수록하였습니다.'

고마운 나무

정확히 모르지만 내가 아주 어렸을 적에 부모님과 친척분들과 함께 계곡을 찾아 숲 안을 걷고 있을 때 땀 때문에 답답했던 모자를 벗자 갑자기 매우 강하게 무언가에 막혀 있었을 때 시원한 느낌에 정신이 팔리다가 옆으로 넘어졌었다. 하지만 다행히도 그 옆에 나무가 있어서 별다른 타박상 없이 그냥 걸어갔는데 그 옆의 나무가 미끈미끈하였다. 엄마에게 물어봤는데 엄마는 많은 사람들 만져서 그렇다고 하셨다. 그 나무는 나 말고도 다른 많은 사람들을 구했나 보다 하고 그냥 넘겼다. 그리고 계곡에 도달했을 때 계곡에서 놀고 있었을 때 갑자기 폭류가 생겨 떠내려갔다. 그런데 나무의 힘일까. 떠내려가다 멀리 앞쪽에 땅에 걸린 죽은 나무가 보였다. 나는 안간힘을 다해서 그 나무 쪽으로 헤엄쳐 나무를 잡고 육지에 올라왔다. 나는 모래판을 걸으며 또 걸었다. 그런데 저 멀리 있는 일행이 보여 이렇게 다시 일행들에게로 돌아갔다. 오늘 나는 많은 신세를 졌다. 나는 그 후로 함부로 생명을 죽이지 않고 나무를 괴롭히지 않았다. 나는 평소에 많은 장난을 쳤다. 그렇지만 나무는 나를 도와주었다. 나도 똑같이 나무에게 도움을 주겠다고 다짐했다.

불쌍한 다람쥐와 곤충들

3학년 때이다. 설악산에 가족끼리 올라가고 있었다. 그런데 우리가 올라가던 중 돌 구석에 다람쥐가 죽어 있는 것이었다. 3학년인 난 그때 다람쥐를 너무 귀여워했었다. 우리 가족은 그것을 너무 아쉬워했고, 나는 너무나도 슬펐다. 보아하니 나이도 약간 어리고 몸집이 작아

약한 다람쥐 같았다. 그 다람쥐는 왜 죽었고 하필이면 돌 구석에서 숨졌을까. 또 하나가 있다. 수락산에는 무슨 사람들이 놀 수 있도록 한강 같은 곳이 있었다. 난 엄마 아빠한테 졸라서 그곳으로 갔다. 하지만 너무 슬펐다. 잠자리, 나비, 그런 곤충들이 물에 빠져 있는 것이었다. 그땐 솔직히 징그러웠는데 지금 생각하면 너무 불쌍하고 아쉽다.

이런 기억들이 있었다. 비록 2년 전이지만 다람쥐가 죽은 것은 너무나도 불쌍하고 안쓰러웠다. 앞으로는 더 우리가 동물을 사랑하고 아꼈으면 좋겠다. 또 호랑이, 사자, 치타, 코끼리, 바다표범 등 그런 동물들을 사냥하여 아쉽게 죽게 하는 것을 하지 말았으면 좋겠다.

스카우트 여름 캠프

5학년 여름 때 4학년 애들이 신입으로 스카우트에 들어온 것을 기념하여 스카우트 대원들과 대장님과 함께 산으로 캠프를 갔다. 나는 원래 친구들과 함께 어디를 놀러 가거나 캠핑을 하는 것을 좋아하여 아주 신이 났다. 버스를 타고 산에 도착하여 입구에 들어간 다음 친구들과 같이 숨을 크게 들이마셨는데 산의 맑고 깨끗한 공기가 내 몸속으로 들어가 건강해지는 것 같아 상쾌해졌다.

만날 차가 다니고 검은 연기가 많았던 도시에 없는 풀, 나무, 계곡 등을 보자 기분이 더 상쾌해졌다.

이제 산에 올라가서 캠핑할 텐트를 쳤다. 주변에는 나무들이 있고 아래로는 계곡이 보여 경치가 아름다웠다. 근데 한 가지 문제가 있었다. 화장실이 아래 먼 곳에 있다는 것이다. 그래서 화장실을 가려면 힘들어서 힘이 다 빠졌지만 그래도 추억이 되었다. 산에 멋진 경치를 구경하고 밤이 되어 텐트에 들어가 잠을 자려고 하는데 텐트 밖에 엄청 큰 모기의 그림자가 있어서 친구들과 나는 엄청 무서웠다. 게다가 보장 형은 맘이 나빠서 우리를 텐트의 가장자리에 재웠다. 그때 대장님이 들어오셔서 우리도 따뜻한 곳에서 자라고 했다. 그때 대장 선생님이 너무나 고마웠다. 그리고 자다가 새벽에 깼는데 산이라서 너무나 추웠다. 얼굴이 얼어붙는 것만 같았다. 그다음 날 이제 텐트를 정리하고 집에 가려고 하는데 비가 왔다. 산에 비가 오면 최악이다! 흙이 물에 다 쓸려 내려가고 춥고……정말 최악이었다! 그래서 우리는 빨리 버스로 가는데 버스가 아늑하였다. 버스를 타고 산을 나가는데 그 경치는 언제 봐도 아름다웠다. 참 재밌고 좋은 추억이다.

숲에 간 날

내가 9살쯤 여름에 아직 장마가 내리지 않았을 때 부모님과 형과 함께 도봉산에 걸어서 갔다. 왜냐하면 일요일 날에 맑은 공기나 마시러 가자는 것과 뭐 다른 것들도 포함해서 겸사겸사 도봉산에 갔다. 그런데 거의 산 중턱쯤 왔을까? 비가 갑자기 쏟아지는 것이다. 그래서 가족들이 모두 산 아래로 모자를 쓰고 뛰어 내려갔다. 그러다가 나무줄기에 어깨를 부딪치기도 하고 걸려 넘어지기도 하면서 겨우겨우 내려왔다. 그래서 그때부터 비가 올 기미가 보이는 날엔 산에 가지 않게 되었다.

청설모 사냥

내가 한 3학년쯤에 남이섬에 엄마, 나, 동생과 같이 갔다. 나는 강을 건너면서 친구를 사귀었다. 우리 가족은 남이섬에 도착하자마자 바로 산양이 보였다. 나는 만지러 갔지만 가이드 아저씨가 위험하다고 말렸다. 남이섬은 그야말로 그냥 숲이었다.

우리는 잠시 쉬고 가기로 하였다. 나는 너무 심심하였다. 그런데 갑자기 내 어깨로 푸른색 물체가 떨어졌다. 나는 무엇인지 보았다. 바로 잣이었다. 나는 위를 올려다보았다. 거기엔 청설모가 있었다. 나와 동생 그리고 친구는 청설모가 잣을 먹고 있는 것을 보기 위해 아니 어쩌면 심심해서일 수도 있었다. 바로 옆에 있던 나뭇가지를 들고 청설모를 잡으려고 뛰었다. 난 왜 뛰는지도 모르고 있어 그냥 무의식적으로 그렇게 됐다. 청설모가 갑자기 멈추더니 나무를 타고 올라갔다. 그리고는 잣을 따고 금방 내려왔다. 우리는 가만히 먹는 모습을 봤다. 잠시 후 청설모가 또다시 뛴다. 나는 청설모가 먹은 잣을 보았다. 보니 안에 씨만 쏙 빼갔다. 우리는 이걸 엄마에게 가져다주었다. 엄마도 신기해하였다. 엄마가 잣 몇 개를 가지고 오라 하셨다. 그래서 우린 잣을 따 왔다. 그런데 엄마가 바로 가자고 하였다. 나는 궁금했다. 알고 보니 영화 예약한 시간이 다 돼 가고 있기 때문이다. 나는 할 수 없이 청설모를 버리고 영화를 보러 갔다.

매미와 개미

11살 때 여름날 아빠와 엄마와 동생이랑 북한산에 갔다. 어느 정도 정상에서 중간쯤에 청설모가 나무 끝에서 나무를 타고 있는 것을 보았다. 청설모는 땅에 있는 무엇을 쳐다보고 있는 것 같았다. 땅엔 매미의 시체가 있었다. 등골이 오싹해졌지만 매미가 불쌍하다는 것을 느꼈다. 가만히 지켜보고 있는데 개미 떼가 나왔다. 그리고선 매미를 자기네 집으로 끌고 갔다. 개미가 밉고 짜증났지만 매미를 끌고 가는 개미들에게 신기한 점이 생겼다. '자기 몸보다 큰 매미를 옮길 수 있을까?'라는 궁금증이. 그래서 계속 지켜보도록 했다. 개미들은 금방은 못 들었지만 개미 떼가 매미를 양쪽에서 끌고 가는 것이었다. 그리고 협동심이 느껴지고 매미한테는 불쌍함이 느껴졌다. 개미들도 자기들 먹고살자고 하는 것인데 매미는 짝도 못 구한 것 같았다. 혼자 쓸쓸히 울다 울다 죽음을 맞이한 것이다. 난 슬펐지만 아빠를 따라 마음 한편엔 매미가 고스란히 남아 있었다.

> 매미
> 청설모가 매미를 쳐다보고 있네
> 청설모와 매미는 친군가 봐
> 청설모는 매미가 죽어서까지도
> 지켜보고 있으니
> 그런데 개미가 와서 매미를
> 가져가네
> 혼자 울다 울다 죽어 간 매미를
> 개미가 가져가네
> 매미는 죽어서까지도
> 양분이 되고 있네

어렸을 적엔 (수락산)

내가 어렸을 땐 마들역에 살았는데 거기엔 조금만 차를 타고 가면 수락산이 있다. 솔직히 그때 나하고 언니는 별로 산에 가고 싶지 않았다. 하지만 수락산에 가면 엄마, 아빠가 맛있는 것을 사 주신다. 우리 엄마께선 우리가 너무 힘들어 해서 '에너지'라는 것을 만들었다.

높은 곳에서 언니와 내가 엄마 손을 붙잡고 조금 쉬었다 가자고 할 때 "저 큰 바위에서 에너지 줄게" 하고 엄마가 말하신다. 그럼 언니와 난 신나서 폴짝폴짝 뛰어가서 엄마를 기다린다. 징징거리던 애들을 달랠 수 있는 것은 뭘까? 에너지란 비틀즈, 캐러멜, 츄잉캔디 이런 것이다. 어린 아기들이 울면 "까까 줄게" 하는 것처럼 우리도 4살, 6살이었다. 그것을 이용해 엄마는 '에너지'를 만드신 거다. 그리고 '파워'도 있다. 산에 올라가면 목이 말라서 엄마는 '이온음료'를 항상 사 오신다. 목마를 때 맛있는 이온음료를 마시면 정말 천국이 따로 없다.

그리고 산에 가는 두 번째 이유는 산에 올라갈 때 아줌마들이 "어린 게 잘도 올라가네" 이런 말씀들을 하시면 기분이 좋아 빨리 올라갈 수 있다. 그때 난 괜히 칭찬받고 싶어서 우리 가족 중에 제일 빨리 올라갔다.

산에 가는 마지막 이유는 산에는 집에서는 할 수 없는 재미있는 일이 많다. 더운 날에 산에서 내려와 '졸졸졸' 소리 나는 계곡에 돗자리 깔고 누워서 하늘을 올려다보면 정말 시원하다. 그때 하늘의 모습은 나뭇잎 뒤에 숨은 파란 하늘이 정말 좋았다. 시끄러운 매미소리도 점점 안 들린다. 난 매일 그렇게 잠이 든다. 그리고 내가 제일 좋아하는 지금은 없지만 수락산 입구에 옛날에는 솜사탕 아저씨가 있었다. 엄마는 매일 "선우야! 솜사탕 사 줄게" 이 말을 했다. 솔직히 난 이 말이 제일 좋았다. 돌아오면서 입구 앞에 있는 음식점에서 맛있는 저녁을 먹고 집에 오면 어느새 난 깊은 잠에 빠져 있다. 힘들지만 재미있는 추억이다.

산은 사람을 변화시킨다, 어떻게?

이 기억에는 제목을 붙이기가 아주 어렵다. 나는 숲에서만 변하는 사람들을 쓰려고 하기 때문이다. 숲의 공기는 봄, 여름, 가을, 겨울 때의 공기와는 다르다. 나는 모든 계절과 장소의 향기나 공기가 다른 것을 느낀다. 봄에는 따뜻한 공기와 동시에 어떤 냄새가 난다. 그리고 여름도, 가을도, 겨울도 다 각기 자기만의 공기와 냄새가 있다. 예를 들어서 겨울에는 양파 같은 냄새랑 수돗물이나 얼음 냄새가 난다. 그것처럼 숲에서는 맑고, 하지만 차갑지는 않은 냄새가 난다. 숲에서는 사람들이 변한다. 더 활기차지고, 온화해진다. 그리고 성격이 달라지기도 한다. 너무 활기차서 에너지가 넘치는 것을 감당 못 했던 사람은 차분해지고, 너무 차분했던 사람은 활기차지며, 화를 잘 냈던 사람은 마음이 넓어진다. 그리고 산 자체도 바뀐다. 내가 9월쯤에 어딘가 산에서 친구 가족이랑 1박 2일로 캠핑을 했었다. 그리고 나는 산이 낮과 밤에 성격이 달라지는 걸 느꼈다. 낮에는 그렇게 편안하던 산에 서서히 불안감이 차오르는 것을. 하지만 산은 빛과 함께 있다면 느긋하고 온화하게 돌아왔다. 숲에 다녀온 뒤 며칠 동안 같이 다녀온 사람들은 나쁜 성격이 전환되었다. 짜증을 잘 냈던 나는 느긋해지고 훨씬 온화해지고, 너무 차분하고 나가는 걸 싫어했던 내 친구는 아주 명랑해졌다. 그리고 산에서 밤은 불안하고 빨라진다. 하지만 그래도 저녁까지는 안 그런다. 산에서는 저녁에 자면 빨리 잠들고 또 푹 잤다. 하지만 밤에 자면 불면증처럼 잠을 통 못 잤다. 산은 사람의 생활을 조정해 주고 마음을 편하게 해 주었다.

숲이나 수목원 그 외 다른 곳의 기억

내가 2008년 여름 가족과 함께 공주로 갔다. 거기서 나는 어느 식물원에 들렀는데 거기에는 신기하고 다양한 종류의 나무들이 있었다. 거기에 있는 나무 중 제일 기억에 남는 것은 간지럼을 타는 나무였다. 그 나무는 그냥 가만히 있다가도 사람들이 막 긁거나 만져 주면 움직였다. 그때에는 신기하고 '이런 나무도 있구나'라고 생각되었다. 그리고 식물원에서 느낀 것은 나무들이 말만 못 한다는 거지 모든 식물에도 감정이나 느낌이 있다는 걸 알았다.

또 어느 산성에 갔는데 그 산성에서 토끼, 다람쥐를 만났다. 토끼는 동물원에서 보는 것과는 좀 달랐다. 몸집이 더 크고 빠르고 먹이를 먹기 위해서 부지런하였다. 동물원에서 보던 것과는 사뭇 다른 느낌을 주고 있다. 다람쥐도 몇 번 보았지만 먹이를 먹는 모습은 본 적이 없었다. 거의 앉아서 먹이를 두 발에 움켜쥐고 빠르게 돌려 가며 먹고 있었다. 동물원에서 보지 못한 장면을 보니 신기하고 '다람쥐가 이렇게 먹이를 먹는구나'라고 생각했다.

2007년 여름쯤에 가족과 함께 광릉수목원 길을 지나갔다. 난 가다가 건너편 숲의 모습은 고요하고 뭔가가 있는 그런 느낌이 들었다. 그런 숲을 보니 사슴들이 막 뛰어다니고 노는 모습이 생각났다. 이건 TV에서 보았기 때문에 상상이 조금 더 잘 됐다.

나는 여기저기를 다니면서 보았는데 식물들이 좀 더 중요하게 느껴졌고 식물을 사랑해야겠다는 생각이 들었다. 그리고 다른 나라처럼 동물들과 함께 놀고 싶다는 생각이 들었다. 먹이 먹는 다람쥐

맑은 공기, 그리고 야생

내가 12살, 그니까 지금 시기이다. 10월 중순쯤 외가 쪽 식구들과 대천에 갔었다. 대천 가는 도중, 대천하고 공주 사이쯤 있는 서산에 갔었다. 거기는 서울의 여느 산과 달리 예쁜 단풍들이 색깔을 물들이고 있었다. 또한 길가에 은행나무가 길게 늘어져 있어서 꼭 가을 나들이하는 것 같았다. 서산에 오르기 중반쯤 뭔가가 '씩!' 하고 지나갔다. 계속 걸었더니, 아까 그 의문의 '씩!'이 또 나타났다. 벤치 다리에 있기에 한 번 가 봤더니, 그것은 다름 아닌 다람쥐였다. 아니 다람쥐가 아니라 청설모! 바닥에 떨어진 도토리를 까먹는 모습이 참 귀여웠다. 산에서라도 이런 귀여운 모습을 볼 수 있었다니, 이게 웬 떡인가! 그리고 꿈에서 경험한 일이다. 내가 환절기라 그런지 약한 천식에 걸렸었다. 그런데 엄마가 느닷없이 산에 가자고 그런 것이다. 나는 기침을 참으며 엄마 뒤꽁무니를 졸졸 따라다녔다. 그 불멸의 산 이름은 바로 다름 아닌 도봉산!

그런데 이게 웬일? 기침이 멈춘 것이다. 아하! 이제 알겠다. 숲에서의 맑은 공기가 내 몸속에 들어와 천식을 고쳐 주었던 것이다. 숲은 우리에게 이익만 주고 해는 안 주는 이 세상의 보물인 것 같다. Mountain! 난 너를 잊지 않겠어. 네가 사라지면 산속의 야생이 사라지는 것을 고려하며 mountain, 너는 하루를 알차게 살아가야 해! 아자, 아자, 파이팅!

강원도 산골의 숲 속에서

내가 4학년 여름방학 때 강원도 양양에서 일을 하시는 외할아버지의 사무실을 갔다. 사무실에서 걸어서 5분 정도 가면 시냇물이 흐르는 숲이 나온다. 같이 일하시는 분들이 자주 다니셨는지 돌계단이 있었다. 먼저 계단에서 사마귀를 만났다. 나는 곤충을 싫어한다. 처음 사마귀를 보았을 때 너무 무서웠다. 하지만 시냇가에 발을 담그고 여기저기 몸을 숨기고 지저귀는 새들과 다람쥐들 덕분에 나는 곤충이 안 무서워졌다. 우리 가족들과 함께했는데 위로 조금 올라가면 물이 많이 고여 있어 얇은 돌을 모아 수제비 뜨기도 했다. 내 다리 위를 꼼지락꼼지락 기어오르는 개미 역시 귀여웠다. 밖에 나왔지만 집처럼 편한 느낌이었다. 숲 속의 모든 생물들 역시 내 친구 같았고, 애완동물 같았다. 시냇물은 아주 맑았다. 속이 훤히 보여 오빠와 물고기도 잡고 아주 재미있게 놀았다. 바위 위에 붙어 있는 이끼랑 아주 조그만 곤충들과 인사했다. 하지만 물속에 있는 바위에 이끼가 있어 넘어지기도 했다. 무릎이 약간 까졌지만 좋은 추억의 상처인 것 같다. 난생 처음 보는 생물들인데도 오래전부터 알았다는 듯이 모두와 친구를 했다. 인공적으로 만들어 놓은 석상을 본 적이 있다. 너무 아름다웠다. 숲에서 바위에 새겨진 무늬들을 보았다. 나는 생각했다. 인공적인 석상을 보고 아름답다고 했던 내가 마치 바보가 되는 듯했다. 자연이 만들어 낸 무늬는 아름다운 건 물론, 환상적이고 신비로웠기 때문이다. 마지막으로 숲과 이별하려고 돌계단에 이를 때 아까는 무서워했던 사마귀가 놀고 있는 게 보였다. 그래서 사마귀와 아까는 미안했다고 하며 눈높이를 맞춰 인사하고 나왔다.

수락산 갔을 때

1학년 가을 때 나는 아빠와 산에 갔었다. 그때 나는 1학년이어서 멋모르고 아빠를 따라갔다. 처음에는 괜찮았지만 점차 힘들어졌다. 그러나 힘든 만큼 그 풍경만큼은 멋있었다. 단풍이 들어 온통 주황색, 빨간색 알록달록 단풍이 들었다. 또한 공기도 좋았다. 거기서 나는 구경하던 중에 다람쥐를 봤다. 귀엽게 생겼었다. 근데 내가 올라간 곳에는 쓰레기가 좀 많았다. 보기 안 좋았다. 산은 온통 신기한 것뿐이었다. 산에는 내가 못 보았던 풍경들이 많았기 때문이다. 힘든 만큼 그 대가를 주는 것 같다. 산은 우리의 자연교실 같다.

크로아티아 국립공원

저는 이태리에서 3년 정도 살다가 5개월 전쯤 귀국해서 지금 OO초등학교 5학년 튼튼반에서 공부하고 있는 학생입니다. 저는 귀국하기 전 마지막 여행으로 유럽에 있는 작은 나라인 크로아티아라는 곳에 갔다 왔습니다. 밀라노에서 살던 저는 크로아티아라는 곳이 밀라노와 정말 멀다는 사실에 별로 놀라지는 않았습니다. 유럽은 이어져 있어서 가고 싶은 곳은 아무리 멀어도 갈 수 있기 때문이지요. 하지만 그래도 정작 크로아티아에 있는 호텔 침대에 드러눕자 피곤해지며 골아 떨어졌습니다.

하지만 다음 날 일어나서 그날 갈 곳의 포스터를 보니 마음이 설레었습니다. 왜냐면 그날 갈 곳이 이때까지 본 국립공원에 비교도 안 될 만큼 컸기 때문입니다.

가서 안내원에게 물어보니 다 둘러보는 시간이 4시간도 더 걸린다고 하자 걱정이 되었지만 들어가서 수만 그루의 나무에서 나오는 신선한 공기, 시냇물과 폭포에서 날리는 시원한 물방울이 저의 마음을 상쾌하게 만들어 주었습니다. 저는 동물들을 많이 보고 싶었지만 사람이 너무 많아 동물들이 안 나와 햇빛을 반사하는 은빛 비늘을 가진 물고기들을 보며 동물들을 보고 싶은 마음을 대신하였습니다.

한국에 그런 국립공원이 만들어져서 신선한 공기를 마실 수 있으면 좋겠습니다.

자연캠프

2008년 4~5월 즈음에 스카우트에서 친구와 자연캠프를 여행지로 1박 2일 캠프를 갔다. 자연캠프장 안에 들어가면서 산의 공기를 내쉬니 조금은 안정이 되었다. 나는 친구들과 산에서 자연캠프를 하니 정말 좋았다. 친구들과 더 친숙해지고 텐트 속에서도 정말 좋은 추억을 남기었다. 자연캠프를 가면서 나무와 숲에 더 가까워진 거 같고 정말 좋은 곳이라는 것도 깨달았다. 맑은 공기를 내쉬면서 친구에게 조금 더 먼저 배려할 줄 아는 마음이 생긴 것 같았다. 산과 나무와 숲에 더 가까워져서 산에 찾는 일이 더 많아지고 공기가 좋아서 내 건강도 더 좋아지는 것 같았다. 친구들과 함께 우정을 쌓고 숲과 더 친숙해져서 마음도 가볍고 발소리도 가벼워진 것 같다.

가족과 함께 등산!

'나무나 숲에 대한 특별한 경험'은 4학년 때이다. 4학년 가을 때 산에서 가족과 함께 건강을 위해서 등산하러 갔다.

나는 가족과 함께 등산을 하기 시작했을 때 많은 나무들이 내 눈앞에 펼쳐 있어서 엄청 깜짝 놀라고 너무 좋았다. 제일 좋았던 건 공기가 너무 좋아 내 마음속에 있던 불만, 짜증들이 다 없어져서 상쾌해지고 통쾌해졌다.

그리고 그곳에는 시냇가가 있었는데 그 시냇가 물이 엄청 맑은 것을 보았다. 그리고 나는 그 많은 나무들 속에서 동물을 볼 수 있었고, 식물들을 볼 수 있었다. 나는 이런 맑은 공기 때문에 식물이 잘 자라는 거라고 생각했다. 그리고 나무가 엄청 소중하다고 느꼈다.

대나무 숲에서

5학년 여름에 있었던 일이다. 담양이었던가 단양이었던가 기억이 나지 않지만 대나무가 유명하다고 한다. 아마도 담양일 것이다. 그곳에서 나는 우리 가족들과 함께 차를 타고 가서 제일 먼저 대나무 숲에 들어가 보았다. 키가 크고 울창한 대나무들이 줄줄이 서 있었다. 처음에는 들어가는 길이 한 곳밖에 없었지만 갈수록 길이 나뉘어 있었다. 그중에서 나는 '추억의 샛길'이 가장 기억에 남는다. 처음에는 가족 모두 같이 한길을 산책했으나 아빠와 나는 잠시 샛길로 가서 인공폭포가 있는 곳에서 만나기로 했다. 그 길은 정말 한 명만 지나갈 수 있도록 되어 있는 좁은 길이었다. 주춤주춤 걸어가다 보니 길이 점점 내리막길이 되어 있고 나무뿌리가 많아져서 넘어질 뻔한 것이 한두 번이 아니었다. 게다가 길옆에는 완전한 낭떠러지여서 여간 무서운 게 아니었다. 하지만 그렇기 때문에 더 재미있었다. 한 10분 남짓 걸어갔나? 폭포소리가 들리고 엄마와 동생을 찾았다. 그리고 다시 함께 걸어갔다. 걷던 도중에 벤치가 있어서 잠시 앉아서 쉬던 중 동생과 아빠께서 '선비의 길'로 갔다. 그리고 다시 길이 만나는 곳에서 만나기로 했다. 그리고 길에서 다시 만났고 풀밭을 발견하고 잠깐 걸었는데 다리와 발목에 거미줄이 들러붙어서 조금 짜증이 났다. 느낌이 이상했기 때문이다. 그곳에서 가옥을 짓고 있었는데 아직 미완성이어서 아쉬웠다. 아주 즐거운 체험학습이었다.

도봉산 가을 나들이

9월쯤에 가족과 산(도봉산)에 차를 타고 가을 나들이를 갔었다. 갈 때는 피곤했는데 막상 산의 맑은 공기를 들이마시게 되자 머리가 맑아지고 기분이 상쾌해지는 것 같았다.

산에 도착한 지 10분쯤 지나자 산 아래 상점들이 점점 드물어지고 나무가 울창한, 깨끗한 계곡물이 흐르는 본격적인 등산이 시작되었다.

산에는 절에 갔다 오시는 할머니, 등산하시는 할아버지 등 남녀노소가 함께 산을 즐기고 있었다. 얼마 더 올라가니, 절의 큰 대문이 보이고 그 앞엔 사람들이 소원을 비느라 쌓아 놓은 돌무더기가 있었다. 우리 가족도 돌무더기를 쌓아 놓고 소원을 빌었다.

산속엔 잘 보지 못하는 희귀식물도 꽤 있었다. 돌 틈 사이로 삐죽 나온 꽃도 있고, 길 가장자리에 핀 꽃도 있었다. 비록 덥고 힘들었지만, 알록달록한 산의 아름다운 자연과 맑은 공기를 마실 수 있어 참 좋았다. 목적지 '마당바위'까지는 동생이 다리를 삐는 바람에 가지 못했지만, 산에 감으로써 자연을 더욱 사랑하고 아끼게 된 계기를 가진 거 같아 좋은 기억으로 남는다. 그리고 여러 나무들과 꽃을 알게 되어 좋다.

나무에 대한 나의 생각과 느낌의 변화

내가 지금 말하는 일들은 모두 작년에 뉴질랜드로 유학을 갔다가 느낀 점이다. 작년에 나는 4학년이었기 때문에 많이 놀 수 있었다. 그래서 그 때문인지 놀러 가는 시간도 많아졌다. 사실 내가 3학년일 때만 해도 나무, 숲 외에는 자연에 대해 잘 몰랐다. 거기에 대해 생각도 별로 해 보지도 않고 단지 '나무는 깨끗한 공기를 제공해 줘' 이 정도밖에 몰랐다. 그런데 더 성숙해진 탓일까 아니면 자연들을 많이 본 까닭일까, 나는 어느 날 문득 이런 생각하였다. '자연이란 무엇일까?'와 '어떻게 해서 자연이 생겼을까? 정말로 하느님 덕분일까? 그런데 어떻게 누가 조정하는 것도 아닌데 이렇게 매일 변할까?' 이런 생각들을 하였다. 그런데 이런 게 인연인지, 나는 나무에 대해 관심이 제일 많았다. 그래도 어리니까 그냥 관심일 뿐 그것에 대해 공부하지는 못했다. 그런데 방학 때 나는 'Tree Adventure'라는 곳에 가게 되었다. 친구들과 선생님들과 언니와 함께. 그런데 거기에 도착한 나는 실로 정말 놀랐다. 'Tree Adventure'라고 하기에 그냥 나무 심고 가꾸고 이런 것일 줄 알았는데 나무와 나무들 사이에 아주 단단한 줄을 매고 우리는 우리 몸에 착용된 고리 같은 걸 걸어서 다음 나무로 건너갈 수도 있고 중간 중간 장애물도 있는 이런 프로젝트였다. 그리고 나는 이곳에 갔다 오고 이런 생각을 갑자기 하게 되었다. '나무는 공기만 만들어 내는 것이 아니라 우리의 즐거움까지 만들고 이런 여러 가지를 나무를 이용해 만들 수 있구나' 하는 것이었다.

그리고 어느 날은 친구와 숲에 갔는데 나무들에 붙어 있는 딱딱한 물질이 보석이라는 것이다. 그때 또 나는 이런 걸 느꼈다. '꼭 번쩍 빛이 이는 것만이 보석이 아니라 자연이 보석이다'라는 것이다.

그리고 또 다른 날은 산에 갔는데 차에서 나는 내리지 못했다. 왜냐하면 우리 차 바로 옆에 신기한 새들이 있었기 때문이다. 동물이 무서웠던 나는 내리지 못했다. 그리고 우리 언니도 내리지 못했다. 그런데 우리 엄마는 밖에 있어서 우리 둘이 소리를 지르며 "엄마"를 불렀다. 그런데 왠지 신기했다. 한국에서는 절대 경험할 수 없는 것들…… 나는 이런 자연이야말로 진정한 보석이라고 생각했다. 진짜 학자들 말이 맞는 것 같다. 숲이란 저절로 깨닫게 하는 거라고…… 진짜 나는 많은 것을 느꼈기 때문이다.

자연은
우리의 친구

자연은
보석 중의 보석

누구도
흉내 낼 수
없는
마술

그리고 자연은
선생님

도봉산에서 다람쥐를 봤다

8살 가을쯤 도봉산에서 고모부, 아빠와 함께 산에 갔다. 그때 처음 그림에서만 보던 다람쥐를 봤다. 너무 신기했다. 다람쥐가 나무 위로 올라가서 아쉬웠다. 다음에도 꼭 보고 싶었다. 그리고 산에서 내려올 때까지 다람쥐만 생각났다.

전에 할아버지와 함께 봤던 청설모랑 다른 점도 조금 알게 되어서 기뻤다. 그리고 다람쥐를 키워 보고도 싶었지만 너무 빨라서 못 잡았다.

숲의 자연과 아름다움

옛날 내가 어렸을 때 숲에 갔다. 나는 그 숲에서 가족과 함께 삼림욕 등 다양한 것을 했다. 우리는 가서 운동도 하고 재미있게 놀았다. 우리 가족이 숲에 간 이유는 평소에 삼림욕을 잘 못하고 시간도 많이 없어서 그날만 간 거다. 우리 가족은 거기에서 자연과 함께 있었다. 다람쥐도 보고 나무도 많고 숲에 있는 공기라서 그런지 더 시원하고 기분도 좋았다. 우리는 거기서 다양하게 놀기도 하고 계곡에 가기도 하였다. 거기에 갔는데 계곡물은 참 맑고 좋았다. 그래서 그 계곡에서 물고기를 구경도 했고 그 계곡에서 물고기를 잡으며 놀기도 했다. 한편 나는 놀다가 여러 산이 있는 곳을 보았는데 매우 아름다워서 한참 동안 계속 그 산들을 바라보고 있었다. 그리고 새들도 날아가는 것도 보았다. 나는 이렇게 겹쳐져 있는 산들을 보고 옛날에는 산이 그저 초록색이고 자연도 그저 평범할 줄 알았는데 다양하고 아름다운 자연을 보니까 감동적이었다.

비발디파크에 있는 산

2학년 때 전 가족들과 함께 대명콘도 비발디파크에 있는 산이라 이름은 모르지만 산에 갔었어요. 전 그 산에 올라가면서 다람쥐를 보았어요. 일단 올라가는 걸 보았을 때 TV로 보는 것과 완전히 틀렸어요. 그에 비해 몸집도 작고 올라가는 것도 빨랐어요. 그리고 점차 올라가다 보니까 다리 같은 게 있는데 그 밑엔 계곡이었어요. 계곡은 개구리가 있고 그 외 사람들이 놀고 있는 모습이 보였어요.

산을 점차 오르다 보니까 공기도 맑아지고 기분도 상쾌해졌어요. 너무 힘들어서 내려오는데 뱀이 있었어요.

전 그걸 몰랐는데 할머니께서 알려 주셨어요. 색깔은 누런색이었고 그 앞에 사람 2명이 서 있었어요. 전 안 다쳤지만 그 옆에 있던 남자가 나뭇가지로 치워 버려서 다행이었어요. 저는 뱀이 너무 신기했어요.

산에는 안 살 줄 알았던 뱀이 사람들 나오는 곳까지 나오는 것과 길이도 꽤 길었고 희귀종이라는 생각이 들었어요. 그리고 몸도 꽤 얇고 딱 봤을 때 허리띠보다 얇지만 허리띠라는 생각을 했어요. 아마 지금도 살고 있을지는 모르겠지만 저는 거기에선 제가 본 동물들이 다 신기했지만 뱀이 제일 신기한 거 같았어요.

그만큼 나무가 우리에게 주는 도움이 많다는 걸 깨달았어요. 왜냐하면 우리에게 말끔한 공기를 주고 동물들도 살 수 있게 그만큼 도움을 많이 주니까요. 전 그래서 제일 기억에 남는 것은 뱀 같아요.

내가 간 유일한 숲, 대나무 숲

나는 어렸을 때 축농증이라는 질병이 있었다. 7살 때 앓았고 9살 때 여름에 수술을 받아서 축농증을 치료했다. 난 그 축농증 때문에 8살 여름방학 때 대나무 숲과 가까운 곳에 사시는 외삼촌과 가족들이랑 함께 대나무 숲에 갔다.

내가 숲에 대해 기억하는 것은 거의 없지만 대나무 숲에서 2~3시간 있었는데, 다른 날에 비해 숨을 쉬기가 참 편한 것을 느낀 것을 유일하게 기억하고 있다. 대나무 숲에 왜 갔는지 모르지만 그때의 기분은 참 좋았다. 처음으로 숨을 제대로 쉰 것 같은 느낌이란! 어찌 되었는지 모르지만 다시 간 병원에서는 많이 호전됐다고 했다. 하지만 그 뒤로 다시 나빠져 수술하기로 결정했다. 몇 년 뒤에서야 그 대나무 숲 덕분에 내가 잠시 호전된 것을 알 수 있었다.

그것을 안 뒤로 그때까지만 해도 숲과 산을 싫어하던 내가 산을 자주 가기 시작했다. 정말 놀라운 변화였다. 나의 대나무 숲 사건은 숲을 많이 배우게 되었다. 건강을 잠시라도 치유해 주는 것과 숨 쉬기가 다른 곳보다 편하다는 것을 말이다.

생각해 보니

내가 유치원 정도쯤에 우리 집에 나무가 있었다. 꽤나 그 나무는 컸었다(내가 유치원 때니까 작아서일지도 모르지만). 그래서 매년 크리스마스 때마다 식구들과 그 나무에 장식을 했다. 그리고 아빠와 함께 시든 잎을 잘라 주었다. 근데 언제인지는 모르겠지만 그 나무가 죽었다. 그 이후로 참 허전했던 것 같다. 크리스마스 때 항상 생각났는데……나무라는 말에 갑자기 생각났다.

그리고 올해 여름에 수락산에 언니, 어머니와 함께 갔다. 거기에 있는 계곡가에서 돗자리를 깔고 책도 읽고 간식도 먹었다. 언니가 그때 곤충 잡는 것을 좋아해서 돌에 장수풍뎅이가 좋아하는 젤리(액체류)를 뿌리고, 나비도 잡았다. 검은색 큰 나비를 잡았는데 놓쳐서 언니한테 구박받고 그 나비를 잡았다. 돗자리로 돌아와 보니 장수풍뎅이는 없고, 개미만 가득했다. 집에 와서 언니가 나비를 냉동실에 넣고 얼려서 표본으로 만들었다.

금학산

저번 9월에 나는 할아버지, 할머니, 엄마, 동생, 아빠와 함께 금학산을 올라갔다. 금학산은 마치 학이 앉은 것 같은 모양을 하고 있어서 '금학산'이라고 불린다. 저번 9월에 할아버지 집 뒤에 있는 금학산을 올라갈 때, '거북바위'라는 바위를 보았다. 할아버지, 할머니, 그리고 우리 집 식구들은 항상 그곳까지만 올라간다. 실제로 할아버지는 정상까지 다 올라가 보셨다고 한다. 그래서 군인들도 만났다고 하셨다. '거북바위'까지 올라가고, 내려올 때, 시원한 물을 마시기 위해 등산로가 아닌 길로 갔었는데, 그곳은 낙엽도 많고, 여러 가지 동물 배설물뿐만 아니라 발자국까지 나 있어서, 너무나도 무서웠다. 거기에다 등산로가 아닌 길이라서 한 번 넘어지면 바로 절벽 아래로 떨어지는 곳이라서 나는 후덜덜 떨고 있는데 할아버지, 할머니는 너무나도 잘 가고 계셨다. 그래서 나는 할아버지의 허리에 매달려서 질질 끌려갔다. 다행히 시간이 조금 지나자 혼자 걸을 수 있게 되었는데, 그렇게 된 지 1분도 지나지 않아서 앞에 커다란 내리막길이 있었다. 그때 나는 다리에 힘이 풀릴 뻔했다. 그래도 집에는 가야 했기에 질질 발을 끌면서 내려갔다.

거기 내려가는 데 1분도 걸리지 않는 길이 나에겐 1시간처럼 느껴졌다. 다행히도 그곳에 나무들이 여러 개 있었기에 그 나무를 잡으며 내려갔다. 나는 그 나무가 정말로 고마웠다. 지금까지 우리 가족 모두가 그 나무에게 의지하며 절벽이 바로 아래인 곳을 걸어왔기 때문이다.

지금도 나는 그 나무가 정말 고마웠다. 그리고 산에 올라가는 등산로와는 딴판인 그 숲같이 생긴 곳이 정말로 무서웠지만, 우리 가족을 내려가도록 도와준 그 나무는 정말로 고마웠다. 앞으로 그 나무가 더 무럭무럭 자랐으면 좋겠다.

아빠 회사 뒷산에 가서……

10월 말에 엄마랑 같이 정체 모를 아빠 회사의 뒷산에 엄마 직장 동료랑 같이 갔는데 산 중간쯤에 갔을 때 다리 아프고 힘들어서 엄마한테 집으로 가자고 했는데 엄마가 내 몸을 끌고 정상까지 올라갔다. 정상에 올라가서 엄마 친구하고 사진을 찍었는데 갑자기 산에 올라갈 때의 스트레스가 확 풀렸다. 배고파서 일단 계란이나 먹고 내려가려고 했는데 엄마 친구가 완주권을 줬다. 완주권에 번호가 쓰여 있었다. '73', 내가 이 번호가 무슨 번호냐고 묻자 엄마가 엄마친구(회사직원) 200명 중에 73등이라고 하셨다. 엄마는 74등이었다. 왜냐하면 엄마가 내 몸을 정상까지 뒤에서 끌고 갔기 때문이다. 산을 내려갈 때 나는 신나게 내려갔다. 그러자 엄마가 "씩씩대며 올라온 애 맞아?"

라고 하셨다. 산을 다 내려가자 갑자기 비가 내렸다. 엄마하고 나하고 어떤 엄마 회사의 직원 같은 아저씨와 같이 회사직원 다 같이 먹기로 한 점심 장소로 뛰었다. 그곳에서 어떤 아줌마가 가방에서 과자 한 봉지를 꺼내 나한테 줬다. 기분이 완전 좋았다.

도봉산 등산

저는 1년 전 가을에 온 가족(아빠, 엄마, 형)과 함께 등산을 하였습니다. 그때 등산한 곳은 도봉산이고 엄마가 등산을 하면 치킨을 사 주신다고 해서 등산을 하였습니다.

도봉산 입구까지는 차를 타가지고 갔습니다. 입구에서 조금 걸어가 보니 약수터가 있어 그곳에서 물을 받아가지고 등산하였습니다. 그리고 아빠가 밤을 사 주셨는데 힘들 때 먹으니 맛있었습니다.

목표는 마당바위까지 가는 것입니다. 등산을 하면서 2번 정도 쉬었고 산에 맑은 공기가 나무에서 나오는 것 같다는 생각이 들고 산속에 공기는 맑았습니다.

등산을 마당바위까지 하니 힘들었지만 기분은 좋았습니다. 집에 들어가기 전까지 숲은 맑다고 생각하였습니다.

동화책 속의 숲과 다른 숲

내가 6살 때, 가족들과 함께 산으로 소풍을 간 적 있었다. 나는 산에 간다는 말에 기대에 잔뜩 부풀어 있었다. "드디어 산에 도착했다!" 나는 소리쳤다. 동화책처럼 산에 다람쥐랑 노루와 사슴을 보겠구나 기대를 하고 산을 오르기 시작했다. 무섭지만 호랑이도 보고 싶었다.

도토리를 주우면서 다람쥐를 불러 보았다. 그러나 토끼도, 노루도, 다람쥐도, 호랑이도 보이지 않았다. 지금은 그런 동물이 없다는 게 이해되지만, 내 나이 7살, 철부지 그 나이 때는 그런 동물들이 없는 게 이상했다. '동화책을 만든 사람이 거짓말을 쳤을까?' 하고 생각하기도 했고, '동물들이 부끄러워서 숨은 걸까' 하고 생각하기도 했다. 이런 것 때문에 나는 약간 실망을 했다. 동물들이 나를 반겨 주지 않아서라고 말이다. '동화책 속의 숲이 맞는 걸까? 숲에는 왜 동물들이 없고 나무들만 있지?' 하고 생각했다. 그리고 '왜 숲 속에 차가 지나갈까? 동화책 속의 숲 속에는 차가 없었는데……'하고 궁금해했다. 내가 꿈꾸던 숲이 아니었다. 그 후로부터 5년 뒤에, 지금 내 이야기를 쓰면서, 다시 가족들과 함께 숲에 갔던 철부지 7살의 내가 떠오른다. 이 경험을 통해서 나는 그 동화책 속 숲이 다시 살아나게 될 거라고 여기서 생각한다. 그러기 위해선 너무나 많은 손길이 필요하다. 그래도 한 사람의 노력이 차곡차곡 쌓이면 동화책 속 숲이 완성될 것이다. 나도 그런 숲, 즉 동화책 속 숲을 만들기 위해서 조금이나마 노력할 것이다. 동화책 속 숲을 거닐고 싶다.

곤충 채집

여름방학 때 아빠와 아빠 친구 아저씨들하고 같이 계곡이 있는 숲을 갔다. 그곳은 곤충이 많았다. 그래서 개미집을 찾아 개미도 구경하고 잠자리를 잡고 놀았다. 또 그곳에서 축구를 하다가 아는 동생이 벌에게 쏘이기도 했다. 그리고 밤에 심심해서 아는 동생이랑 개미집을 찾으려고 했는데 아는 동생이 사슴벌레를 갖고 오면서 나한테 보여 줬다. 내가 어디서 났냐고 물어봤는데 아는 동생이 소나무에 붙어 있기에 잡아 왔다고 했다.

나는 처음에는 사슴벌레, 장수풍뎅이 같은 것을 손에 못 올려놨었다. 근데 그때 아는 동생이 한번 만져 보라고 해서 손에 올려놨다. 근데 내가 사슴벌레를 못 올려놓은 이유가 다리 때문에 따가울 것 같았는데 의외로 간지러웠다. 그래서 나도 찾으려고 찾아봤는데 없었다. 나는 그 뒤로 곤충이 좀 더 좋아진 것 같다.

도봉산에서

5학년 11월에 운동을 하기 위해 엄마, 아빠와 함께 도봉산에 갔는데 내 바로 옆에 다람쥐가 있어서 놀랐다. 엄마, 아빠께 말씀드려서 도봉산 꼭대기인 자운봉까지 올라갔다. 춥긴 했지만 기분이 상쾌하고 좋았다. 내가 처음으로 자운봉에 올라갔을 때였다. 다시 내려올 때는 밤이 되어 깜깜해져서 무서웠다. 하지만 엄마, 아빠가 뒤에 있고 다행히도 플래시를 가져와서 무서움을 조금은 덜어낼 수 있었다. 올라갈 때는 길이 험해서 힘들었고 내려올 때는 다리에 힘이 풀려서 힘들었다. 그래도 정상에 갔다 와서인지 다른 때보다 보람 있게 느껴졌다.

숲의 배드민턴장

내가 12살 여름에 숲에 할아버지, 사촌동생과 함께 올라갔다. 거기는 너무 더워서 못 올라가겠다고 했다. 거기에 테니스장이 있었다. 거기서 배드민턴공을 주웠다. 약수터에서 물을 받고 사촌동생이랑 나는 신나게 놀았다.

조규성 ─────────

성균관대학교 국어국문학과 졸업 (문학사)
성균관대학교 교육대학원 국어교육 전공 (교육학 석사)
성균관대학교 일반대학원 교육과정 전공 (교육학 박사)
성균관대학교 사범대학 강사
국민대학교 산림환경시스템학과 강사
(사)그린레인저 실장

아이들은 숲에서 무엇을 배우는가?

숲 교육 질적 연구

초판인쇄 | 2010년 11월 15일
초판발행 | 2010년 11월 15일

지 은 이 | 조규성
펴 낸 이 | 채종준
펴 낸 곳 | 한국학술정보㈜
주   소 | 경기도 파주시 교하읍 문발리 파주출판문화정보산업단지 513-5
전   화 | 031) 908-3181(대표)
팩   스 | 031) 908-3189
홈페이지 | http://ebook.kstudy.com
E-mail | 출판사업부 publish@kstudy.com
등   록 | 제일산-115호(2000. 6. 19)

ISBN   978-89-268-1658-5 93370 (Paper Book)
        978-89-268-1659-2 98370 (e-Book)

이담 Books 는 한국학술정보(주)의 지식실용서 브랜드입니다.